westermann

AF629843

Fit in der Grundschule

10-Minuten-Trainer

Texte lesen und verstehen

Klasse 3

Fit in der Grundschule
10-Minuten-Trainer

Texte lesen und verstehen

Die Autorin:
Bettina Sattler-Holzky ist Lehrerin und arbeitet seit zwei Jahrzehnten in der Schulsozialarbeit. Die engagierte und erfahrene Pädagogin fördert Kinder mit Lernschwierigkeiten und hat bereits einige Lernhilfen für Grundschulkinder verfasst.

Druck A^3 / Jahr 2026
Alle Drucke der Serie A sind im Unterricht parallel verwendbar.

Illustrationen: Hans-Jürgen Feldhaus, Münster | Heike Heimrich, Berlin | Oda Ruthe, Braunschweig | stock.adobe.com, Dublin: DigiClack
Umschlaggestaltung: Janssen Kahlert Design & Kommunikation GmbH, Hannover
Umschlagfoto: iStockphoto.com, Calgary: Liudmila Chernetska
Druck und Bindung: Westermann Druck GmbH, Georg-Westermann-Allee 66, 38104 Braunschweig

ISBN 978-3-07-**003000**-9

Vorwort

Liebe Schülerin, lieber Schüler,

du bist in der dritten Klasse und willst im Fach Deutsch richtig fit werden? Dann ist der **10-Minuten-Trainer** genau das Richtige für dich! Mit diesem Arbeitsheft kannst du das **Lesen von Texten** üben und dein **Textverständnis** weiter verbessern.

Jede **Doppelseite** beginnt mit einem Text, den du in 10 Minuten lesen kannst. Im Anschluss findest du **Tipps** und **Übungen**, die dir dabei helfen, den Text zu verstehen. So wirst du Stück für Stück zum Leseprofi.

Natürlich gibt es in diesem Heft auch einen **Lösungsteil**. Hier kannst du überprüfen, ob du die Übungsaufgaben richtig bearbeitet hast. Du findest ihn ab Seite 60.
Übrigens: Für jede bearbeitete Doppelseite darfst du dich mit einem **Erfolgssticker** belohnen. Klebe ihn einfach in das dafür vorgesehene Feld.

Und damit deine Eltern dich auf deinem Weg durch die dritte Klasse noch besser unterstützen können, haben wir im Internet unter **www.westermann.de/fit-in-der-grundschule** hilfreiche Tipps und praktische Checklisten für sie zusammengestellt.

Viel Erfolg beim Üben mit dem **10-Minuten-Trainer**!

Dein Lernhilfen-Team

Inhaltsverzeichnis

Märchen, Fabel und Sage

Ein Märchen der Brüder Grimm 8

Eine Fabel nach Aesop 10

Eine griechische Sage 12

Gedichte

Ich weiß einen Stern 14

____________________ 16

Wie dieses Gedicht heißt, muss du selbst herausfinden! Schau mal auf Seite 17 ...

Aus der Kinderbuch-Welt

Aus *Jolle und ich. Der Tag an dem ein Pinguin bei uns einzog* 18

Aus *Freddy und der Wurm* 20

Aus *Doktor Dolittle und seine Tiere* 22

Aus *Herr Bello und das blaue Wunder* 24

Aus *Die Glücklichen Inseln hinter dem Winde* 26

Aus *Pünktchen und Anton* 28

Sachtexte

Der Kleiber, ein munterer Klettermaxe 30

Vom Löwenzahn zur Pusteblume 32

Das menschliche Auge 34

Jedes Kind hat Rechte 36

Damals und heute – Franz und Franziska 38

Naturschutz auf kleinem Raum 40

Vier Kinder in Deutschland 42

Gebrauchstexte

Gemüse-Gesichter – Rezept für die kalte Küche 44

Falte dein eigenes Lesezeichen 46

Feuerbohnen aussäen, pflegen und ernten 48

Lina und Leo räumen den Geschirrspüler ein 50

Zeitung, Internet und E-Mail

Ein Bericht in der Schülerzeitung 52

Eine Zeitungsnotiz 54

Internetsuche zum Thema *Wespen* 56

Linas E-Mail an Leo 58

Lösungen 60

Texte lesen und verstehen

So machst du es richtig!

Erinnerst du dich noch, wie es war, lesen zu lernen? Immer wieder hast du die Buchstaben zusammengezogen, bis ein Wort endlich Sinn ergab. Nun bist du in der dritten Klasse und längere Texte zu lesen gehört zu deinem Schulalltag, nicht nur im Deutschunterricht: In Mathematik löst du Sachaufgaben, im Sachunterricht liest du lange und komplizierte Texte.

TIPP Lange und schwierige Texte zu verstehen ist im Prinzip ähnlich, wie lesen zu lernen. Du brauchst **regelmäßige Übung**, **geeignete Texte** und **Durchhaltevermögen**!

1 Übe weiterhin regelmäßig lesen, auch das Vorlesen!

Warum solltest du lesen üben, wenn du bereits flüssig liest? Um weitere Fortschritte zu machen! Mit regelmäßiger Übung wirst du schwierige Wörter und lange Sätze bald schneller erkennen – und verstehen. Geübte Leserinnen und Leser erfassen beim Vorlesen sehr schnell, wie zum Beispiel eine direkte Rede betont werden muss. Sie flitzen mit den Augen zum Satzende und sehen, ob es sich um einen einfachen Satz, einen Ausruf oder eine Frage handelt. Sie **lesen vorausschauend** und betonen entsprechend:

a) „Schon wieder ein Kaninchen“, sagt Kim genervt. Er will endlich einmal einen Feldhasen sehen.

b) „Schon wieder ein Kaninchen!“, freut sich Alexandra. Kaninchen sind ihre Lieblingstiere.

c) „Schon wieder ein Kaninchen?“, fragt Mara, als ihre Freundin von ihrem neuen Haustier erzählt. „Hast du überhaupt noch Platz dafür?“

Du siehst, wie unterschiedlich „Schon wieder ein Kaninchen“ betont wird, je nach Zusammenhang und Gefühl. Beim Stilllesen hilft dir vorausschauendes Lesen, Texte schneller zu erfassen und langfristig dein Lesetempo zu erhöhen. **Probiere es aus!**

2 So findest du die richtigen Texte

Am besten übst du das Lesen mit interessanten Texten und spannenden Büchern! In Zeitschriften, Comics, Märchensammlungen und Büchern mit einzelnen Geschichten findest du **kürzere Texte**. Genauso in Kinderlexika und Sachbüchern, sie gibt es von den Dinosauriern bis zum Internet zu allen möglichen Themen. Bei **längeren Geschichten** hast du eine riesige Auswahl: Abenteuerromane, Kinderkrimis, Fantastisches, Tagebücher und vieles mehr. Bücher und Zeitschriften kannst du dir in der Stadtbücherei oder deiner Schulbücherei ausleihen. Oder du wünschst sie dir von deinen Großeltern, Tanten oder Onkel ... Tausche mit deiner Freundin oder deinem Freund doch mal die Lieblingslektüre – wer sich mag, mag oft auch die gleichen Geschichten!

TIPP Bücher, die aus der Ich-Perspektive erzählt werden, sind leichter zu lesen als andere. Die Ich-Erzählerin/der Ich-Erzähler benutzt die Sprache wie im Alltag und erzählt, als hätte sie/er alles selbst erlebt. Solche Texte findest du auf S. 18, 24 und 26.

3 Bleib dran, bis du den Sinn verstehst!

Du musst einen schwierigen Text für die Schule lesen? Dann heißt es: Verliere nicht den Mut und halte durch! Aber wie?
Wenn der Text Wörter enthält, die du nicht verstehst, schlage sie im **Wörterbuch** nach. Wenn dir die Art, wie der Text geschrieben ist, Schwierigkeiten bereitet, lies den Text **langsam** und **laut**, das hilft dir, dich einzulesen. Du kannst dir ein längeres Stück **vorlesen lassen**, so hörst du dich in den Stil ein. Oder lies mit jemandem **zusammen**: Abwechselnd lest ihr jeweils einen Absatz. Halte beim Lesen an, wenn du merkst, dass du den Sinn nicht verstehst. Lies den Absatz noch einmal von vorn und schau genau, bis zu welcher Stelle du alles verstanden hast. Beginne ab dort erneut zu lesen, langsam und laut. Das ist mühselig. Aber lesen ohne Sinn macht einfach keinen Sinn – und auch keinen Spaß 🙂!

Ein Märchen der Brüder Grimm

LESETEXT

Die Sterntaler

Es war einmal ein Mädchen, dem waren beide Eltern gestorben. Es war so arm, dass es kein Kämmerchen hatte, ja nicht einmal ein Bettchen, um darin zu schlafen. Es besaß nichts als die Kleider am Leibe und ein Stückchen Brot in der Hand, das ihm ein mitleidiges Herz geschenkt hatte. Weil es aber gut und fromm war, so ging es voll Vertrauen auf den lieben Gott hinaus ins Feld.

Da begegnete ihm ein armer Mann, der bat: „Ach, gib mir zu essen, ich bin so hungrig.“ Es reichte ihm sein Stückchen Brot und sagte: „Gott segne dir's.“ Bald darauf kam ein Kind, das sprach: „Ach, wie friert es mich an meinem Kopfe!“ Da tat es seine Mütze ab und gab sie ihm. Nach einer Weile traf es ein Kind, das hatte kein Leibchen an und fror. Da gab es ihm seines. Und noch ein Stück weiter, bat eins um ein Röcklein. Auch das Röcklein gab es hin. Als es dunkel ward, gelangte es in einen Wald. Da kam noch ein Kind und bat um ein Hemdlein. Das fromme Mädchen dachte: „Im dunklen Wald sieht dich niemand. Du kannst wohl dein Hemd weggeben“, zog das Hemd aus und gab es dem Kinde.

Und wie es so stand und gar nichts mehr hatte, da fielen auf einmal die Sterne vom Himmel und waren lauter blanke Taler. Und es hatte ein neues Hemdlein an, das war von allerfeinstem Linnen. Da sammelte es die Taler hinein und war reich für sein Lebtag.

Nacherzählt von Bettina Sattler-Holzky

1 **Märchen enthalten oft alte Begriffe, die wir heute kaum noch benutzen. Sie sind im Text grün geschrieben. Schreibe sie zu den Erklärungen.**

kleines Zimmer: ....

am Körper: ....

jemand, der mitfühlt: ....

gottgläubig: ....

eine Silbermünze: ....

Heute nennt man es T-Shirt: ....

Leinen: ....

„Lass es dir gut schmecken.“: „..........“

2 **Das Mädchen in dem Märchen *Die Sterntaler* trifft auf seinem Weg arme Menschen, die es um Dinge bitten. Kreuze an, was es abgibt.**

Das Mädchen gibt ...	ja	nein
sein Stückchen Brot.		
sein Taschentuch.		
seinen Haarreif.		
seine Mütze.		
sein Hemdlein.		
sein Röcklein.		
seine Schuhe.		
sein Sternenhemdchen.		
sein Leibchen.		
seine Puppe.		

Hier kannst du deinen Erfolgssticker einkleben.

Eine Fabel nach Aesop

LESETEXT

Die Frösche in der Milch

Zwei Frösche lebten zufrieden in einem Tümpel. Eines Tages trocknete die Sommerhitze den Tümpel aus. Die Frösche mussten deshalb ihre Heimat verlassen. Doch wie weit sie auch wanderten, sie fanden weder Bächlein noch Teich.

Erschöpft und sehr durstig kamen sie am Abend auf einem Bauernhof an. Hier fanden sie etwas Schatten. In einer Kammer entdeckten sie einen großen Krug voll frischer, fetter Milch. Die Frösche konnten ihr Glück kaum fassen und sprangen sogleich hinein. Sie kühlten sich ab, sie schwammen, tranken und schmatzten. Dann wollten sie wieder hinaus und schwammen zum Rand des Kruges. Doch weil sie so viel von der Milch getrunken hatten, war der Rand jetzt zu weit entfernt. Wieder und wieder rutschen sie an der glatten Wand des Kruges ab. Stundenlang strampelten sie, die Beine taten ihnen weh, doch alle Mühe schien vergeblich. Sie kamen nicht hinaus.

Da sagte der eine Frosch: „Was hilft es, wenn wir uns plagen. Es ist aus!“ Damit ließ er sich zu Boden sinken und ertrank. Der zweite Frosch jedoch gab die Hoffnung nicht auf. Er schwamm und strampelte die ganze Nacht hindurch. Als am frühen Morgen die Sonne in die Kammer schien, hatte sich durch sein Strampeln ein dicker Butterklumpen im Krug gebildet. Der Frosch hüpfte auf den Klumpen und ruhte kurz aus. Dann sprang er mit letzter Kraft in hohem Bogen aus dem Krug heraus und war gerettet.

Nacherzählt von Bettina Sattler-Holzky

1 **Als die Lage aussichtslos erscheint, gibt der eine Frosch auf. Was könnte der Grund dafür sein? Kreuze an, was du für richtig hältst.**

Der Frosch ist schwächer als der andere und kann einfach nicht mehr.	
Der Frosch glaubt nicht daran, dass er jemals aus dem Krug herauskommen wird.	
Der Frosch ist zu faul weiterzustrampeln.	

2 **Der zweite Frosch gibt nicht auf. Was könnte der Grund dafür sein? Arbeite wie in Aufgabe 1.**

Der Frosch ist sehr stark und weiß das auch.	
Er denkt: „Ich halte durch. Sterben kann ich auch später noch!“	
Er will seine Familie im Tümpel unbedingt wiedersehen.	

3 **Aus einer Fabel sollen wir eine Lehre ziehen, die Moral. Was könnte die Moral dieser Fabel sein? Kreuze an, was du passend findest.**

	passt	passt nicht
Wenn zwei sich streiten, freut sich der Dritte.		
Wer die Hoffnung nicht aufgibt, wird am Ende belohnt.		
Sei zufrieden mit dem, was du hast.		

Hier kannst du deinen Erfolgssticker einkleben.

Eine griechische Sage

LESETEXT

Zeus und Europa

Vor mehr als 3000 Jahren lebte in Phönizien* eine wunderschöne Prinzessin. Sie trug den Namen Europa. Europa war die Tochter des Königs Agenor und seiner Frau Telephassa. Sie liebte den Wald und seine Tiere, und sie liebte den Tanz. Als sie eines Tages mit ihren Freundinnen im Wald tanzte, sah sie der Göttervater Zeus. Zeus verliebte sich sofort in die schöne junge Frau. Er wollte sie unbedingt in seinen Armen halten! Aber wie sollte das geschehen? Er konnte nicht einfach zu den Frauen gehen und Europa entführen! Auch Hera, seine Frau, durfte von seiner Liebe nichts erfahren. Zeus verwandelte sich in einen weißen Stier und näherte sich den tanzenden Frauen. Europa sah ihn als Erste. Sie zeigte keinerlei Furcht. Als der Stier sich niederlegte, streichelte sie seinen Nacken. Eine der Freundinnen rief: „Wie mutig du bist!“ Da setzte sich Europa stolz auf den Rücken des Tieres. Kaum war dies aber geschehen, da erhob sich der Stier und raste mit der Prinzessin davon. Europa klammerte sich erschrocken an das Tier. Sie hielt sich mit aller Kraft an seinen Hörnern fest. Der Stier lief und lief. Er durchschwamm mit der Prinzessin sogar das weite Meer, bis an den Strand der Insel Kreta**. Nachdem die Prinzessin sich etwas erholt hatte, schimpfte sie mit dem Stier. Da nahm Zeus wieder seine natürliche Gestalt an. Glücklich legte er seine Arme um die Prinzessin. Nun verliebte auch Europa sich in den Zeus.
Sie blieben auf Kreta und bekamen zusammen drei Kinder. Zeus liebte Europa so sehr, dass er den Kontinent, zu dem Kreta gehört, nach seiner Frau Europa benannte.

Nacherzählt von Bettina Sattler-Holzky

* Das Phönizische Reich lag an der Küste Vorderasiens, dort, wo heute die Küsten Israels, des Libanons und Syriens liegen.

** Kreta ist die größte Insel Griechenlands und liegt etwas abgelegen vom restlichen Griechenland südlich im Mittelmeer.

1 **Wer ist wer in der Sage von Zeus und Europa? Verbinde.**

Europa	Göttin und Frau des Zeus
Telephassa	König und Vater von Europa
Agenor	Prinzessin, Tochter von Agenor und Telephassa
Zeus	Königin und Mutter von Europa
Hera	Göttervater und Mann von Hera

2 **Warum verwandelte sich Zeus in einen Stier? Kreuze an und/oder schreibe selbst auf, was du meinst.**

a) Zeus hoffte, dass Europa zu ihm kommen würde, wenn er sich als schöner weißer Stier in ihre Nähe legen würde. ☐

b) Ein Stier war stark genug, um ihn und Europa so weit zu tragen, wie Zeus es vorhatte. ☐

c) Als Stier verwandelt konnte Hera Zeus nicht auf die Schliche kommen. ☐

d) ....

....

Hier kannst du deinen Erfolgssticker einkleben.

Ich weiß einen Stern

LESETEXT

Ich weiß einen Stern
gar wundersam,
darauf man lachen
und weinen kann.

Mit Städten, voll
von tausend Dingen.
Mit Wäldern, darin
die Rehe springen.

Ich weiß einen Stern,
drauf Blumen blühn,
drauf herrliche Schiffe
durch Meere ziehn.

Wir sind seine Kinder,
wir haben ihn gern:
Erde, so heißt
unser lieber Stern.

Josef Guggenmos

TIPP **Wenn du das Gedicht auswendig lernen möchtest, versuche es so:**
Lies die erste Strophe so oft laut, bis du sie gut kennst.
Decke sie dann ab und sage die erste Zeile auswendig auf.
Überprüfe, ob sie richtig war. (Korrigiere dich, falls nötig.)
Wenn sie richtig ist, nimm die zweite Zeile zur ersten dazu.
Dann Zeile drei, dann Zeile vier, bis du die erste Strophe kannst.
Anschließend kommt die zweite, dritte, vierte Strophe dran.
Achte zum Schluss darauf, dass du alle Strophen sicher und gut betont aufsagen kannst.

1 Gedichte sind oft schwierig zu lesen, weil die Sätze durch die Reimform unterbrochen werden. Ergänze die folgenden Sätze.

a) Auf dem Stern kann man .... und ....

b) Die Städte sind voll von ....

c) In den Wäldern springen ....

d) Auf dem Stern blühen* ....

e) Es ziehen* .... über die Meere.

* Im Gedicht steht *blühn* und *ziehn*. So passen die Verben besser in den Rhythmus des Gedichts.

2 Josef Guggenmos hat in den ersten beiden Strophen seines Gedichts gegensätzliche Dinge benannt. Schreibe den jeweils gegensätzlichen Begriff auf.

Strophe 1: lachen – ....

Strophe 2: Städte – ....

3 Die Reimwörter des Gedichts findest du in jeder Strophe am Ende der zweiten und der vierten Zeile. Schreibe sie auf.

wundersam – weinen kann

Dingen – ....

blühn – ....

gern – ....

4 Unterstreiche im Gedicht alle Aussagen über die Erde, die dir gut gefallen. Wie gefällt dir das Gedicht insgesamt? Kreuze an.

Es gefällt mir gut. ☐

Es gefällt mir nicht. ☐

Es geht so. ☐

Lies auch das Gedicht auf Seite 16 und klebe dann deinen Erfolgssticker auf Seite 17 ein.

Gedichte

LESETEXT

Wunderbar
stand er da
im Silberhaar.

Aber eine Dame,
Annette war ihr Name,
machte ihre Backen rund,
machte ihre Lippen spitz,
blies einmal, blies mit Macht,
blies ihm fort die ganze Pracht.

Und er blieb am Platze
zurück mit einer Glatze.

Josef Guggenmos

1 Wunderbar stand er da ... Ja, wer denn? Kreuze an.

a) Ein älterer Herr ☐
b) Ein alter Perserkater ☐
c) Eine verblühte Pflanze ☐
d) Ein grauer Rauhaardackel ☐

2 Welche Überschrift des Gedichts ist richtig? Kreuze an und schreibe die Überschrift auf die Linie über dem Gedicht.

a) Verfrühter Haarausfall ☐
b) Verglühtes Katzenhaar ☐
c) Verblühter Löwenzahn ☐
d) Ergrautes Dackelhaar ☐

3 Schreibe drei Wörter oder Satzteile auf, durch die man zuerst denken könnte, das Gedicht handele von einem Mann.

....

....

....

4 Was bedeuten die Wörter Macht und Pracht im Gedicht?

a) Macht bedeutet ....

b) Pracht bedeutet ....

5 Zeichne die Pusteblume, wie sie am Anfang und am Ende des Gedichts aussieht. Nutze die Kästen auf Seite 16.

6 Unterstreiche alle Adjektive, die deiner Meinung nach auf das Gedicht zutreffen.

albern ■ gruselig ■ komisch ■ leicht ■ lustig ■
nachdenklich ■ schön ■ schwierig ■ toll ■ traurig ■
unverständlich ■ verrückt ■ verspielt

Hier kannst du deinen Erfolgssticker für Seite 14 bis 17 einkleben.

Aus der Kinderbuch-Welt

Aus: *Jolle und ich. Der Tag, an dem ein Pinguin bei uns einzog*

LESETEXT

Aus dem 6. Kapitel *Jolle vor, noch ein Tor!*

„Wir haben ein neues Haustier", erklärte ich meiner Mitschülerin, als ich bei ihr angekommen war. „Oder besser gesagt einen neuen Mitbewohner. Unser Pinguin kann nämlich sprechen und hat ein eigenes Zimmer."

„Wow", sagte Line, die sich ebenfalls umgedreht hatte. „Und was macht ihr so den ganzen Tag zusammen?"

„Oh, der Pinguin!", hörte ich Mattis' Mutter da brüllen. Ich drehte mich um und riss vor Schreck die Augen auf. Jolle watschelte im Schnellschritt über das Spielfeld, verpasste zwei von Mattis' Mitspielern einen Patscher mit der Flosse, nutzte die Verwirrung, um an den Ball zu kommen, kickte ihn vor sich her und warf sich schließlich auf den Bauch, um den Ball mit dem Schnabel ins Tor zu schießen.

Die Zuschauer klatschten und johlten und auch die Spieler waren begeistert. Zumindest die der gegnerischen Mannschaft. Für die hatte Jolle nämlich gerade ein Tor geschossen. Der Schiedsrichter trillerte in seine Pfeife und winkte ab.

„Ach, schade", rief der Trainer der gegnerischen Mannschaft lachend. „Dabei hat der Pinguin die gleiche Farbe wie unsere Trikots."

„Das kann ich leider nicht gelten lassen!", rief der Schiri mit einem Schulterzucken.

Ich rannte aufs Spielfeld und zog Jolle an der Flosse zurück.

„Aber Thea!", rief der Pinguin. „Hast du nicht gesehen, wie gut ich bin? Ich habe ein Tor geschossen!"

„Doch", sagte ich. „Das war echt super."

Katja Frixe

1 **Die Geschichte *Jolle und ich* wird von einem Kind erzählt. Was erfährst du über dieses Kind? Kreuze an und schreibe auf.**

Es ist ein Junge. ☐ Es ist ein Mädchen. ☐

Das erzählende Kind heißt ....

2 **Wo im Text findest du die Angaben zu Aufgabe 1? Kreuze an.**

Die Angaben stehen in den ...

a) ersten drei Zeilen. ☐

b) letzten drei Zeilen. ☐

3 **Die Szene aus der Geschichte *Jolle und ich* spielt auf einem Sportplatz. Um welche Sportart geht es wahrscheinlich?**

Auf dem Platz wird .... gespielt.

4 **Wer ist Jolle? Kreuze an. Es ist mehr als eine Antwort richtig.**

a) Jolle ist der Schiedsrichter. ☐

b) Jolle ist ein Pinguin. ☐

c) Jolle ist eine Mitschülerin. ☐

d) Jolle ist Mattis' Mitspieler. ☐

e) Jolle ist ein Torwart. ☐

f) Jolle ist Theas Schwester. ☐

g) Jolle ist Theas Mitbewohner. ☐

h) Jolle ist ein Seehund. ☐

5 **Unterstreiche alle richtigen Aussagen über den Pinguin.**

Der Pinguin kann sprechen.

Der Pinguin trägt ein Trikot.

Der Pinguin gibt zwei von Mattis' Mitspielern die Flosse.

Der Pinguin kickt den Ball ins Tor.

Der Pinguin schießt mit dem Schnabel ein Tor.

Hier kannst du deinen Erfolgssticker einkleben.

Aus: *Freddy und der Wurm*

LESETEXT

Aus dem 3. Kapitel *Eine Schule ohne Klassenarbeiten*

Sie sah ihn ja nicht. Der Wurm baute sich vor ihrem Gesicht auf und starrte sie durch seine Brille ohne Gläser böse an. Freddy musste kichern. Seine Mutter kicherte mit. Sie dachte, Freddy würde über ihren Witz lachen. Sie beide bekamen einen richtigen Lachanfall. Der Wurm stöhnte und schüttelte den Kopf. Freddys Mutter räumte vor sich hin summend den Tisch ab. Sie hatte eine schöne Stimme. Sie war Sängerin im Opernchor der Stadt, aber im Moment beurlaubt.

Freddy beschloss, schnell seine Hausaufgaben zu machen und später nach draußen zu gehen. Notfalls auch allein, denn seit der Sache mit dem Wurm mieden ihn seine Kumpels.

Er hievte den Rucksack auf seinen Schoß und fragte sich, warum der heute eigentlich so schwer war. Als er ihn öffnete, entdeckte er ungefähr zehn DIN-A4-Hefte mit rotem Umschlag. Er nahm eines heraus. Es war eine Englischarbeit, wahrscheinlich von den Großen. Drinnen hatte ein Lehrer mit rotem Stift reingekritzelt. Viel konnte man davon allerdings nicht lesen: In der Mitte des Heftes klaffte ein riesiges Loch, mindestens so groß wie eine Müslischüssel. Irgendjemand hatte es dort hineingebrannt. Ob die vielen DIN-A4-Hefte auf dem Tisch im Lehrerzimmer auch so aussahen?

Erschrocken sah Freddy seinen Wurm an. Wenn jemand mitkriegte, dass er diese angekokelten Hefte in seinem Ranzen hatte! Der würde denken, dass er, Freddy, etwas damit zu tun hätte. Das war mal klar!

„Wir sitzen in der Patsche“, sagte der Wurm.

Christina Erbertz

1 **Freddy hat seit einiger Zeit einen Wurm. Er sitzt ständig auf Freddys Schulter. Welche drei Dinge erfährst du in diesem Ausschnitt über die Sache mit dem Wurm? Ergänze die Sätze.**

a) Freddys Mutter kann den Wurm nicht ....

b) Freddys Freunde .... ihn, seit er den Wurm hat.

c) Der Wurm kann mit Freddy ....

2 **Freddy und seine Mutter bekommen zusammen einen Lachanfall. Worüber lachen die beiden? Kreuze an.**

a) Beide lachen, weil der Wurm die Mutter böse anstarrt. ☐
b) Freddy lacht, weil der Wurm die Mutter böse anstarrt. Die Mutter lacht, weil sie denkt, Freddy lache über ihren Witz. ☐
c) Beide lachen über den Witz der Mutter. ☐
d) Beide lachen, weil die Brille des Wurms keine Gläser hat. ☐

3 **Freddys Freunde meiden ihn wegen des Wurms. Warum, was vermutest du? Kreuze an.**

a) Sie sind neidisch, denn sie hätten auch gern so einen Wurm. ☐
b) Sie halten Freddy für verrückt, weil er mit dem Wurm spricht. ☐
c) Sie halten Freddy für verrückt, weil sie den Wurm nicht sehen können. ☐

4 **Warum ist Freddys Ranzen so schwer? Kreuze an.**

a) Jemand hat Müslischüsseln in Freddys Ranzen gesteckt. ☐
b) Jemand hat angekokelte Hefte in Freddys Ranzen versteckt. ☐

Hier kannst du deinen Erfolgssticker einkleben.

Aus der Kinderbuch-Welt

Aus: *Doktor Dolittle und seine Tiere*

LESETEXT

Aus dem 2. Kapitel *Die Sprache der Tiere*

Als zur Teezeit Jip, der Hund, hereinkam, sagte der Papagei zum Doktor: „Guck mal, er spricht mit dir.“ „Sieht so aus, als wenn er sich hinter dem Ohr kratzt“, meinte Doktor Dolittle. „Die Tiere sprechen nicht immer mit ihrem Mund“, sagte der Papagei spitz und zog die Augenbrauen hoch. „Sie sprechen mit den Ohren, mit den Pfoten, mit den Schwänzen – mit allem. Siehst du jetzt, wie er die eine Seite seiner Nase hochzieht?“ „Was bedeutet das?“, fragte der Doktor. „Das bedeutet: ‚Merkst du nicht, dass es zu regnen aufgehört hat?‘“, antwortete Polynesia. „Er fragt dich etwas. Hunde benutzen fast immer ihre Nase dazu, Fragen zu stellen.“

Nach und nach lernte der Doktor mit Hilfe des Papageis die Sprache der Tiere so gut, dass er selbst mit ihnen sprechen und alles verstehen konnte, was sie sagten. Dann gab er es auf, ein Menschenarzt zu sein. Sobald der Katzenfutter-Mann allen und jedem erzählt hatte, dass Johann Dolittle Tierarzt werden wollte, fingen die alten Damen an, ihm Möpse und Pudel zu bringen, die zu viel Kuchen gefressen hatten; und die Bauern kamen viele Meilen weit, um ihm ihre kranken Kühe und Schafe zu zeigen.

Eines Tages wurde ihm ein Ackergaul gebracht. Das arme Ding war schrecklich froh, einen Menschen zu finden, der die Pferdesprache konnte. „Doktor“, sagte das Pferd, „der Tierarzt hinter dem Hügel versteht absolut nichts. Er hat mich sechs Wochen lang behandelt. Aber was ich brauche, ist eine Brille, sonst werde ich blind auf einem Auge. Aber dieser dumme Mann hinter dem Hügel hat sich nicht einmal meine Augen angesehen. Er hat mir andauernd große Pillen gegeben. Ich versuchte, es ihm zu sagen; aber er konnte nicht ein einziges Wort von der Pferdesprache verstehen. Was ich brauche, ist eine Brille.“

Hugh Lofting

1 Schreibe die Namen der Mitbewohner von Doktor Dolittle auf.

Der Papagei heißt ....

Der Hund heißt ....

2 Was war Doktor Dolittle von Beruf, bevor er Tierarzt wurde?

Er war ....

3 Schreibe die ersten vier Tierarten auf, die als Patienten zu Doktor Dolittle gebracht wurden.

....

....

4 Was fehlt dem Ackergaul? Kreuze an.

a) Er hat ein krankes Sprunggelenk. ☐
b) Er braucht eine Brille. ☐
c) Er braucht regelmäßig große Pillen. ☐
d) Ihm fehlt gar nichts. ☐
e) Er hat ein Jucken hinter dem Ohr. ☐

Hier kannst du deinen Erfolgssticker einkleben.

Aus der Kinderbuch-Welt

Aus: *Herr Bello und das blaue Wunder*

LESETEXT

Aus dem 6. Kapitel *Max erzählt weiter*

„Das ist schon wieder dieser Köter! Max, geh mal schnell zum Hühnerstall und sieh nach, ob die Tür zu ist!“
„Was für ein Köter?“, fragte ich.
„Ach, so ein Streuner. Treibt sich schon seit zwei Tagen auf meinem Hof rum und macht Jagd auf die Hühner und die Katze. Keine Ahnung, wo er herkommt.“
„Soll ich nicht lieber gehen?“, fragte Papa. „Vielleicht ist der Hund bissig!“
„Nein, nein, der ist ganz friedlich. Gestern hab ich ihn sogar im Haus übernachten lassen“, sagte Herr Edgar. „Der verdammte Kerl kann nur die Hühner nicht in Ruhe lassen. Max, geh schon und schau nach, was da los. Ich kann hier nicht weg, das siehst du ja.“
Ich ging nach draußen.
Am Ende des Hofes war das Freigehege der Hühner, von einem Drahtzaun umgeben. Ein großer graubrauner, struppiger, langhaariger Hund rannte vor dem Zaun hin und her, während die Hühner auf der anderen Seite des Zauns in Panik vor ihm her flatterten.
„He, lass das!“, rief ich.
Der Hund hörte sofort auf, die Hühner zu jagen, und kam schwanzwedelnd zu mir. Er hatte einen Gesichtsausdruck, als ob er grinsen würde, falls man das von einem Hund behaupten kann. Als würde er mir sagen wollen: „War doch nur Spaß, Kumpel. Ich hab den Hühnern doch gar nichts getan!“ Ich streichelte ihn. Er schien das zu mögen und hielt den Kopf ganz schief dabei. Und urplötzlich, innerhalb einer Sekunde, verstand ich, was Papa gemeint hatte, als er von der Liebe auf den ersten Blick gesprochen hatte.
Ich wusste: Diesen Hund will ich haben!

Paul Maar

1 **Max kennt den Hund auf Herrn Edgars Hof noch nicht. Dennoch geht er ohne zu zögern allein zum Hühnerstall. Was meinst du, warum Max nicht ängstlich ist? Kreuze an.**

Max hat keine Angst vor dem Hund, weil ...

a) Herr Edgar sagt, dass der Hund friedlich ist. ☐

b) der Hund die Hühner jagt. ☐

c) der Hund schon in Herrn Edgars Haus übernachtet hat. ☐

2 **Welche Adjektive passen zu dem Hund? Unterstreiche alle passenden Adjektive.**

ängstlich ▪ bissig ▪ dunkelbraun ▪ freundlich ▪ friedlich ▪

gefährlich ▪ gepflegt ▪ graubraun ▪ groß ▪ jagdlustig ▪ klein ▪

kurzhaarig ▪ langhaarig ▪ lieb ▪ struppig ▪ wild ▪ zutraulich

3 **Max' Vater hat ihm vor einiger Zeit versprochen, dass er einen Hund haben darf. Wie schätzt du Max' Chance ein, genau diesen Hund zu bekommen? Kreuze an oder schreibe selbst.**

a) Das wird nichts, Herr Edgar will den Hund bestimmt behalten. ☐

b) Vielleicht muss Max abwarten, ob jemand den Hund vermisst. ☐

c) Bestimmt darf er ihn haben. Herr Edgar ist sicherlich froh, wenn die Hühner und die Katze wieder ihre Ruhe haben. ☐

d) ....

....

....

Hier kannst du deinen Erfolgssticker einkleben.

Aus der Kinderbuch-Welt

Aus: *Die Glücklichen Inseln hinter dem Winde*

LESETEXT

Aus dem Kapitel *Ankunft in der Flamingobucht*

Auch wandelten Löwen und Elefanten, Giraffen und Alligatoren gemächlich das Ufer entlang und dazwischen spazierten Männer in weißen Tropenanzügen und Frauen in leichten Seidenkleidern. Manchmal setzten sie ihre kleinen Kinder auf die Rücken der Raubtiere, und die Kleinen ritten vergnügt krähend auf Tigern oder Löwen über die Promenade. Wir sperrten vor Staunen Mund und Augen auf und ich vergaß vollkommen, die Kommandos zum Anlegen zu geben.

Aber die *Zikade* legte auch ohne die Hilfe der Mannschaft sanft an einer Mole an. Schon wollte ich mein Sprachrohr an den Mund nehmen und die Menschen vom Ufer herüberrufen, als auf der Mole plötzlich drei Tiere erschienen, ein Meerschweinchen, ein Marder und ein Murmeltier. Sie verbeugten sich höflich und redeten uns in einer Sprache an, die wir leider nicht verstanden. Aber einer meiner Fahrgäste kannte die Sprache. Es war die Maus Philine. Sie saß auf der Reling und unterhielt sich von dort aus mit dem Murmeltier. Als das Geschwätz kein Ende nahm, sagte ich: „Fräulein Philine, würden sie so freundlich sein, uns die Auskünfte des Murmeltiers zu übersetzen?“ „Nicht nötig, Käptn. Man wird Ihnen Verständigungstabletten geben.“ Dann rief sie: „Ei snemmok!“ Und – jupp! – hüpfte das Murmeltier an Bord. Es sprang vor meine Füße und brachte eine gelbe Blechdose zum Vorschein, die es mir überreichte. Auf dem Deckel stand in hellgrünen Buchstaben geschrieben: nettel bats gnu gid ne atsreV

James Krüss

1 Auf den *Glücklichen Inseln hinter dem Winde* können sich alle Lebewesen in der Ursprache verständigen. Verstehst du sie auch? Kreuze an und erkläre, falls du es kannst.

a) Nein, ich könnte sie nur mit Verständigungstablette verstehen. ☐
b) Ja, ich verstehe die Ursprache. ☐

Sie funktioniert so: ....

....

2 Auf den *Glücklichen Inseln* isst niemand Tiere, auch Raubtiere fressen dort Brot. Was meinst du, ist das in der Wirklichkeit möglich? Kreuze an.

a) Es ist auch in der Wirklichkeit möglich, dass Raubtiere keine anderen Tiere fressen, wenn sie Brot bekommen. ☐
b) Es ist auch in der Wirklichkeit möglich, dass alle Menschen keine Tiere mehr essen. ☐
c) Es ist in der Wirklichkeit nur möglich, dass *einige* Menschen keine Tiere essen. ☐

3 Ein Fahrgast des Kapitäns, Philine, spricht die Ursprache. Was für ein Tier ist Philine? Kreuze an.

a) Eine Zikade ☐
b) Eine Maus ☐
c) Ein Meerschweinchen ☐
d) Ein Murmeltier ☐

4 Der Ich-Erzähler ist ein Kapitän, auch Käptn genannt. Kreuze an, auf welchem Fahrzeug er Kapitän ist, und ergänze.

a) Er ist Kapitän eines Raumschiffs. ☐
b) Er ist Kapitän eines Flugzeugs. ☐
c) Er ist Kapitän eines Schiffs. ☐

Es heißt ....

Hier kannst du deinen Erfolgssticker einkleben.

Aus: *Pünktchen und Anton*

LESETEXT

Aus dem 2. Kapitel *Anton kann sogar kochen*

Anton wohnte im vierten Stock. „Das ist fein, dass du mich mal besuchst“, sagte er. Sie begrüßten einander und standen eine ganze Weile in der Tür. Der Junge hatte eine große blaue Schürze um.
„Das ist Piefke“, erklärte Pünktchen.
„Sehr erfreut“, sagte Anton und streichelte den kleinen Dackel. Und wieder standen sie nebeneinander und hielten den Mund. „Nun aber mal rin in die gute Stube“, meinte Pünktchen schließlich.
Da lachten sie und Anton ging voran. Er führte sie in die Küche. „Ich koche gerade“, sagte er.
„Du kochst?“, fragte sie und brachte den Mund gar nicht wieder zu.
„Na ja“, sagte er. „Was soll man machen? Meine Mutter ist doch schon so lange krank, und da koche ich eben, wenn ich aus der Schule komme. Wir können doch nicht verhungern?“
„Bitte, lass dich nicht stören“, erklärte Pünktchen, setzte Piefke zur Erde, zog den Mantel aus und legte den Hut ab. „Koche nur ruhig weiter. Ich schau dir zu. Was gibt’s denn heute?“
„Salzkartoffeln“, sagte er, nahm einen Topflappen und trat zum Herd. Auf diesem stand ein Topf, Anton hob den Deckel hoch, spießte mit einer Gabel in die Kartoffeln, nickte befriedigt und meinte: „Es geht ihr aber schon viel besser.“
„Wem?“, fragte Pünktchen.
„Meiner Mutter. Morgen, hat sie gesagt, will sie ein paar Stunden aufstehen. Und nächste Woche wird sie vielleicht wieder arbeiten. Sie ist Aufwartefrau, weiß du.“
„Aha“, meinte Pünktchen. „Meine Mutter macht gar nichts. Augenblicklich hat sie Migräne.“

Erich Kästner

1 Ergänze die Namen und vervollständige so die Sätze.

Der Junge heißt .... Das Mädchen, das zu Besuch kommt, heißt .... Der Dackel heißt .... Er gehört ....
.... Mutter ist schon länger krank und liegt im Bett. .... Mutter hat Migräne.

2 Warum kocht Anton das Mittagessen für sich und seine Mutter? Schreibe einen kurzen Satz.

....

....

TIPP Das Buch *Pünktchen und Anton* von Erich Kästner ist vor über 90 Jahren erschienen. Damals waren die Rollen zwischen Männern und Frauen klar verteilt. Die Frau „gehörte" überwiegend in die Küche. In reichen Familien, wie bei Pünktchen, kochte eine Köchin, sonst kochte die Hausfrau. Viele Frauen hatten keine Berufsausbildung. Antons Mutter ist Aufwartefrau. Das heißt sie putzt und erledigt für andere die Hausarbeit.

3 Pünktchen kommt aus einer wohlhabenden Familie. Trifft das auch auf Anton zu? Beantworte die Frage und begründe kurz.

....

....

....

....

....

Hier kannst du deinen Erfolgssticker einkleben.

Der Kleiber, ein munterer Klettermaxe

LESETEXT

Im Mittelalter waren Kleiber Handwerker. Sie füllten die Fächer der Fachwerkhäuser mit Stroh oder Flechtwerk aus Schilfrohr und verklebten das Ganze mit Lehm. Das hieß „verkleibern". Daher hat der Kleiber, ein flinker kleiner, heimischer Vogel, seinen Namen. Kleiber nisten in großen Höhlen. Da sie sie nicht selbst zimmern können, benutzen sie gern verlassene Spechthöhlen. Den großen Eingang verkleben sie mit Lehm, bis nur noch ein kleines Einflugloch übrig ist. Dadurch ist das Nest vor Feinden geschützt. Der Kleiber füllt die Höhle mit Holzteilchen, Rindenstückchen, Laub und Federn. So liegen die Eier und Jungtiere trocken und warm. Junge Kleiber sind früh flügge und sehen ihren Eltern schon sehr ähnlich. Ihr Körper wirkt kompakt, als hätten sie keinen Hals; auch der Schwanz ist kurz. Ihr Rückengefieder ist blaugrau, der Bauch von hellem, rötlichem Braun. Die Wangen des Kleibers sind hell, der Schnabel ist grau. In seiner Verlängerung verläuft ein dunkler Augenstreif bis zum Rücken. An den Füßen hat der Kleiber lange Klauen. Damit kann er sich an der Rinde von Bäumen so gut festhalten, dass er sogar kopfüber den Stamm hinabgehen kann. Im Sommer fressen Kleiber Larven, Insekten und Spinnen. Im Herbst kommen Samen, Nüsse und Beeren dazu. Als Wintervorrat verstecken Kleiber Samen und Nüsse in Rindenspalten. Am Futterhäuschen holen sie sich Sonnenblumenkerne und Haselnüsse. Wenn ein Kleiber hier ankommt, klopft er kräftig mit dem Schnabel. Damit vertreibt er andere, kleinere Vögel. Schnell nimmt er sich einen ordentlichen Schnabel voll Futter – und weg ist er!

1 **Kreuze an. Was bedeutete das mittelalterliche Wort *verkleibern*?**

a) verkleinern ☐
b) vertreiben ☐
c) verkleben ☐

2 **Kreuze an. Schreibe dann zwei Satzteile aus dem Text auf, die zu deiner Antwort passen.**

Ist der Kleiber eher ein langsamer oder ein schneller Vogel?

a) Eher langsam. ☐
b) Eher schnell. ☐
c) Mal langsam, mal schnell. ☐

....

....

....

3 **Ordne die Körperteile des Kleibers zu.**

Der ganze Körper des Kleibers wirkt kompakt. Sein .... ist kurz. Blaugrau ist sein ....

Der .... ist von hellem, rötlichem Braun. Im Text gibt es keine Angaben darüber, welche Farbe die .... des Kleibers haben.

Hier kannst du deinen Erfolgssticker einkleben.

Vom Löwenzahn zur Pusteblume

LESETEXT

Welches Kind kennt keinen Löwenzahn? Seine kräftig gelben Blütenkörbchen leuchten weit und breit. Er wächst fast überall, zumindest auf der nördlichen Erdhälfte. Die Pflanze kann sich verschiedensten Standorten anpassen. Sie wächst auf Spielplätzen, an trockenen Weg- und Straßenrändern oder zwischen Bahngleisen. Sogar aus Asphaltlöchern und undichten Dächern lugt sie hervor. Löwenzahn wächst auf flachen, windigen Nordseeinseln ebenso wie auf sonnigen Berghöhen – bis auf 2800 m Höhe findet man ihn. Besonders gern wächst er auf saftigen Weiden und am Rand gut gedüngter Felder.

Woher der Löwenzahn seinen Namen hat? Von der Form seiner Blätter! Sie sind „gezähnt“, das heißt, sie haben abwechselnd Einbuchtungen und spitze Zacken. Beim Taraxacum, so heißt der Löwenzahn auf Lateinisch, erinnern sie an scharfe Zähne. Erstaunlich ist, dass die Pflanze in vielen europäischen Ländern Löwenzahn* heißt, obwohl es hier doch gar keine Löwen gibt!

Löwenzahn blüht vom Frühjahr bis zum Spätherbst, die Hauptblütezeit liegt im April und Mai. Zur Nacht und bei bedecktem Himmel schließt der Löwenzahn seine Blüten und öffnet sie erst wieder bei Sonne. Ist der Löwenzahn verblüht, schließt sich der Blütenkorb für mehrere Tage. Im Verborgenen bilden sich die Samen. Dann öffnet sich die Blüte ein letztes Mal – was für eine Verwandlung! Kugelrund entfaltet sich der Samenstand. Du kennst ihn als Pusteblume. Ein bisschen Wind – oder dein Pusten – reicht aus, um die Fallschirmchen mit den winzigen Samen daran in die Welt hinauszutragen.

* In Frankreich heißt er *dent-de-lion*, in Italien *dente di leone*, in Spanien *diente de león* (alles: Zahn des Löwen). Das englische/irische *dandelion* leitet sich davon ab.

Fit in der Grundschule
10-Minuten-Trainer

Mein Stickerbogen

Für jede gelöste Doppelseite in diesem Arbeitsheft darfst du dich mit einem **Erfolgssticker** belohnen.
Suche dir einfach einen Sticker aus und klebe ihn in das dafür vorgesehene Feld am Ende jeder Doppelseite.

Illustrationen: Hans-Jürgen Feldhaus

960.265

1 **In diesem Pflanzenporträt findest du drei verschiedene Begriffe für die beschriebene Pflanze. Schreibe sie auf.**

1. ....

2. ....

3. ....

2 **Was für Blüten hat der Löwenzahn? Kreuze an.**

a) Er hat gelbe Blütendolden.
Er ist ein Doldenblütler. ☐

b) Er hat gelbe Blütenkörbchen.
Er ist ein Korbblütler. ☐

3 **Wann ist die Hauptblütezeit für den Löwenzahn?**

Sie liegt ....

4 **Der Löwenzahn schließt seinen Blütenkorb in drei verschiedenen Situationen. Schreibe sie auf.**

1. ....

2. ....

3. ....

5 **Wodurch verbreitet sich der Löwenzahnsamen? Kreuze an.**

a) Durch Wind ☐
b) Durch Hagelschauer ☐
c) Durch Husten ☐
d) Durch Regen ☐
e) Durch Pusten ☐
f) Durch Eis und Schnee ☐

Hier kannst du deinen Erfolgssticker einkleben.

Das menschliche Auge

LESETEXT

Unsere Augen sind Fenster zur Welt. Im Zusammenspiel von Licht, Auge, Sehnerv und Gehirn erschließt sich uns alles Sichtbare. Dabei laufen blitzschnell mehrere Prozesse ab. Stark vereinfacht, geschieht beim Sehen folgendes:

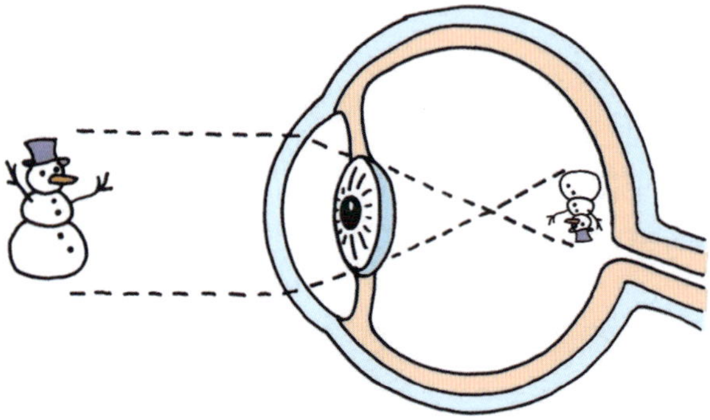

Alles, was wir anschauen, wird von Licht angestrahlt und es reflektiert das Licht zurück in unser Auge. Dadurch entsteht auf der Netzhaut des Auges ein Bild des Gesehenen wie auf einer winzigen Leinwand. Das Bild steht allerdings auf dem Kopf! Der Sehnerv leitet diesen Sinneseindruck an unser Gehirn weiter, das für uns „aufräumt“: Es kehrt das Bild wieder richtig herum und du siehst das Gesehene so, wie du es (bei greifbaren Objekten) auch mit den Händen ertasten könntest.

Die Pupille, das kleine schwarze „Loch“ in der Augenmitte, arbeitet dabei wie ein Vorhang: Sie lässt genau so viel Licht ins Auge, wie es für ein scharfes Bild nötig ist. Bei wenig Licht weitet sie sich, bei viel Licht verengt sie sich. Dies ist der natürliche Schutz des Auges: bei zu viel Licht vor Schäden an der Netzhaut, bei zu wenig Licht vor Überanstrengung. Oft müssen wir die Augen zusätzlich schützen, zum Beispiel durch Abschirmen oder das Tragen einer Sonnenbrille. Bei Kindern sind die Augen, vor allem die Netzhaut, noch besonders empfindlich.

1 **Beim Sehen arbeiten das Auge, der Sehnerv und das Gehirn zusammen. Was muss ebenfalls vorhanden sein, damit wir ein Objekt sehen können?**

Um sehen zu können, muss .... vorhanden sein.

2 **Wie heißt der Teil im Inneren des Auges, auf dem das Bild, das wir sehen, entsteht? Kreuze an.**

a) Sehnerv ☐
b) Netzhaut ☐
c) Pupille ☐

3 **Womit kannst du deine Augen vor hellen Sonnenstrahlen schützen? Kreuze an.**

a) Mit einer Schirmmütze ☐
b) Mit einer Sonnenbrille ☐
c) Mit Sonnencreme ☐
d) Mit den Händen ☐

TIPP Große Wasserflächen reflektieren das Sonnenlicht. Dann trifft Licht von oben und unten gleichzeitig auf das Auge. Dieses Blenden schadet den Augen. Bei längeren Bootsfahrten solltest du daher immer eine Sonnenbrille tragen. Noch stärker ist die Blendwirkung bei großen Schneeflächen. Für Skiläufer gehört deshalb eine spezielle Skibrille zur Grundausrüstung.

4 **Ein Smartphone hat einen kleinen, aber relativ hellen Bildschirm. Überlege: Warum sollen Grundschulkinder es nicht länger als eine Stunde benutzen?**

Weil bei Kindern ....

....

....

....

Hier kannst du deinen Erfolgssticker einkleben.

Jedes Kind hat Rechte

LESETEXT

Eltern sagen manchmal: „Du bist *unser* Kind.“ Aber *gehört* ein Kind seinen Eltern? Nein, das nicht. Aber ihr seid natürlich eng und mit vielen Gefühlen miteinander verbunden. Auch rechtlich, also durch das Gesetz, ist eure Verbindung geregelt.

Eltern haben gegenüber jedem ihrer Kinder Pflichten: Sie müssen dafür sorgen, dass sich jedes einzelne körperlich, geistig, seelisch und sozial gut entwickeln kann. Dazu gehört ein Zuhause, Kleidung, Nahrung, der Besuch einer Schule, Zuwendung, Kontakte zu anderen Menschen und medizinische Versorgung bei Krankheit. Wenn die Eltern diese Pflichten nicht erfüllen, muss der Staat helfen. Denn jedes Kind hat ein Recht darauf, gesund aufzuwachsen.

Eltern haben auch Rechte gegenüber ihrem Kind: Sie bestimmen zum Beispiel weitgehend, was du isst, auf welche Schule du gehst oder wogegen du geimpft wirst. Sie entscheiden, wann du zum Arzt gehen musst und ob du eine Zahnspange bekommst. Eltern sollen bei diesen Entscheidungen immer das Wohl ihres Kindes im Auge haben. Du hast das Recht, ohne Gewalt aufzuwachsen. Weder deine Eltern noch andere Menschen dürfen dir wehtun. Es ist verboten, Kinder zu schlagen oder einzusperren.

Du hast ein Recht auf Privatheit. Dazu gehört auch dein Körper: Du musst dir beim Umziehen von niemandem zuschauen lassen, wenn es dir unangenehm ist. Niemand hat ein Recht auf einen Begrüßungskuss von dir. Wenn du nicht umarmt werden möchtest, darfst du „Nein!“ sagen, genau wie es Erwachsene tun dürfen.

Meine Freunde sind für meine seelische und soziale Entwicklung wichtig. Da kreuze ich an!

TIPP

In Europa* haben Kinder das Recht, sich **körperlich**, **seelisch**, **geistig** und **sozial** gut zu entwickeln.
Körperlich bedeutet, den Körper betreffend. Hier geht es um deine Gesundheit und darum, wie du dich körperlich fühlst.
Seelisch bedeutet, die Seele betreffend. Hier geht es darum, wie du dich „innen drin" fühlst.
Geistig bedeutet, den Geist, also das Denkvermögen betreffend. Es geht darum, dass du deinen Fähigkeiten entsprechend lernen darfst.
Sozial bedeutet, die menschliche Gemeinschaft betreffend. Hier geht es um deinen Kontakt zu anderen Menschen und zu Gruppen von Menschen.

Schau auf deine Lebensbereiche: Welche sind für deine körperliche, seelische, geistige und soziale Entwicklung wichtig? Kreuze an.

	Die verschiedenen Bereiche deiner Entwicklung:			
Deine Lebens-bereiche:	körperlich	seelisch	geistig	sozial
Wohnung				
Familie				
Kleidung				
Nahrung				
Nachbarn				
Freunde		x		x
Schule				
Sportverein				
Musikschule				

Hier kannst du deinen Erfolgssticker einkleben.

* Das Europäische Kinderrechtsabkommen gilt seit dem Jahr 2000.

Damals und heute – Franz und Franziska

LESETEXT

Franz wurde 1917 in einer Bauernfamilie geboren. 1925 war er im dritten Schuljahr. Sein älterer Bruder hieß Max, die kleine Schwester Traudchen. Alle drei besuchten dieselbe Klasse der Dorfschule. Morgens gingen sie zusammen den vier Kilometer weiten Weg dorthin. Im Winter war es sehr kalt, oft lag hoher Schnee. Sie brauchten dann mehr als eine Stunde für den Schulweg. Franz trug die abgelegten Lederstiefel von Max. Traudchen trug die Stiefel von Franz, die davor ebenfalls Max getragen hatte. Ihre warmen Mützen, Wollsocken und Pullover hatte die Großmutter gestrickt. Im Sommer waren drei Monate lang Ferien. Die Kinder halfen dann bei der Feldarbeit und auf dem Hof. Zeit zum Spielen hatten sie trotzdem. Sie versteckten sich im Heu und spielten mit den Kätzchen.

Franziska wurde 2017 geboren. 2025 ist sie im dritten Schuljahr. Sie lebt mit ihren Eltern in einem kleinen Dorf. Ihre Schule liegt drei Kilometer entfernt, es fährt ein Bus dorthin. Franzi fährt aber mit ihren Eltern im Auto mit. Sie arbeiten beide in der Stadt, fahren jeden Morgen mit dem Auto zum Bahnhof im Nachbardorf und nehmen von dort den Zug. Vorher setzen sie Franzi an der Schule ab. Montags und dienstags isst Franzi bei ihrer Freundin Lena zu Mittag. Nach den Hausaufgaben verstecken sie sich am liebsten in der Scheune des Nachbarn im Heu und spielen mit den Kätzchen. Mittwochs und donnerstags geht Franziska in die Nachmittagsbetreuung ihrer Schule. Freitags hat Franzis Mutter frei. Bei gutem Wetter holt sie ihre Tochter zu Fuß von der Schule ab. Das macht Spaß!

1 **Wer, wann, wo? Setze aus der Wörterliste ein.**

der ältere Bruder ▪ ein Bauernjunge ▪ 100 Jahre ▪ ein Mädchen ▪ Franz ▪ Franzi ▪ Freundin ▪ in einem Dorf ▪ ~~1917~~ ▪ Traudchen ▪ 2017

Franz ist ……………………………………. Er wurde 1917 geboren. Franziska ist ……………………………………, das ……………………………………… lebt. Sie wurde ………… geboren, also …………………… nach Franz. Sie wird auch …………………… genannt. Max ist …………………………………… von ……………………. Ihre Schwester heißt …………………………. Und wer ist Lena? Ach ja, sie ist Franzis ……………………….

2 **Welche Adjektive passen zu den Schulwegen von Franz und Franziska? Unterstreiche rot für Franziska und blau für Franz. Du kannst natürlich auch beide Farben zusammen verwenden.**

abwechslungsreich ▪ anstrengend ▪ bequem ▪ beschwerlich ▪ eintönig ▪ gefährlich ▪ gemütlich ▪ gesund ▪ interessant ▪ kurzweilig ▪ langweilig ▪ lustig ▪ mühsam ▪ schnell ▪ unterhaltsam

Hier kannst du deinen Erfolgssticker einkleben.

Naturschutz auf kleinem Raum

LESETEXT

Eines der kleinsten Naturschutzgebiete Deutschlands ist ein Vogelfelsen auf Helgoland. Helgoland ist Deutschlands einzige Hochseeinsel. Auf diesem Felsen brüten jedes Jahr über 5000 Paare von Seevögeln. Austernfischer, Möwen und der Eissturmvogel, ein möwenähnlicher Seevogel, brüten hier. Berühmt ist der Felsen aber vor allem für zwei Vogelarten mit lustigen Namen: Basstölpel und Trottellummen. Nach ihnen heißt der Felsen *Lummenfelsen*.
Trottellummen, die von ihrer Körperform und der Färbung ihres Gefieders an Pinguine erinnern, nisten ohne Nest direkt in der Felswand. Das Weibchen legt ein einziges Ei in den Fels. Das Ei ist schwer, hat eine Kreiselform und eine raue Oberfläche. So kann es nicht so leicht vom Felsen rollen. Die Jungen werden von den Eltern gefüttert. Dabei stehen die Eltern mit dem Rücken zum Abgrund und schützen die Jungen vor einem Absturz. Schon im Alter von drei Wochen müssen sie lernen, selbst Nahrung zu finden. Sie sind bereit für den Lummensprung: Die Jungen der Kolonie stürzen sich, dem Ruf ihrer Eltern folgend, aus 50 Meter Höhe vom Felsen in die Nordsee – obwohl sie noch gar nicht richtig fliegen können! Unten warten die Eltern, um ihre Jungen ins offene Meer zu führen. Die Jungen erkennen ihre Eltern an der Stimme.
Die Jungtiere der Basstölpel bleiben etwa drei Monate in der Brutkolonie. Oft hocken sie mit ihren Eltern hoch oben auf dem Felsen. Basstölpel werden sehr groß und sehen beim Gehen tollpatschig aus. Ihr Flug aber ist elegant. Beim Tauchsprung stürzen sie sich pfeilschnell auf ihre Beute im Meer, vor allem auf Heringe und Makrelen.

1 **In welchem Meer liegt die Hochseeinsel Helgoland mit dem Lummenfelsen? Kreuze an.**

a) Nordsee ☐
b) Ostsee ☐
c) Südsee ☐

2 **Nenne drei Vogelarten, die auf dem Lummenfelsen brüten.**

....

....

3 **Wie lange bleiben die Jungtiere von Lummen und Basstölpeln in der Brutkolonie auf dem Vogelfelsen? Ergänze den Satz.**

Die jungen Lummen bleiben .... auf dem Felsen, die jungen Basstölpel ....

4 **Warum kommt es bei den jungen Trottellummen im Alter von drei Wochen zum Lummensprung? Schreibe zwei Sätze auf.**

....

....

....

....

5 **Von welchen Schwarmfischen in der Nordsee vor Helgoland ernähren sich Basstölpel vor allem? Schreibe sie auf.**

.... und ....

Hier kannst du deinen Erfolgssticker einkleben.

Vier Kinder in Deutschland

LESETEXT

Max, Jonne und Emilia gehen in die dritte Klasse. Ihre Schulen sind sehr unterschiedlich.

Max: „In Berlin gehen wir sechs Jahre auf die Grundschule. Meine Schule ist riesig! In der 3d sind wir 25 Kinder. Viele kommen aus anderen Ländern. Sie haben regelmäßig zusätzlichen Deutschunterricht. Die meisten sprechen schon gut deutsch. Mein Freund Azad auch."

Jonne: „Bei uns gibt es nur eine Schule. Sie geht bis zur zehnten Klasse. Auf unserer Insel leben ja nur 118 Schulkinder! Zwanzig davon kommen aus anderen Ländern. Deutsch lernen sie fast nebenbei, zum Beispiel beim Fußballspielen. Manche gehen zum Deutsch-Förderunterricht, aber nicht alle. Zuza zum Beispiel kommt aus Polen, sie ist gut in Deutsch! In der dritten Klasse sind wir sechzehn Kinder. Mein Freund heißt Jakub."

Emilia: „Neustadt ist eine kleine Stadt. Wir gehen vier Jahre auf die Grundschule und wechseln dann auf verschiedene Schulen. Wir haben zwei dritte Klassen. Bei uns leben so viele Kinder aus anderen Ländern, dass es extra eine Klasse zum Deutschlernen gibt. Dort lernen die Kinder jeden Tag in der ersten Stunde zusammen Deutsch, egal ob Erst- oder Viertklässler. Danach gehen sie alle in ihre Klassen. Meine beste Freundin heißt Alysa."

Kateryna ist gerade in Deutschland angekommen und spricht fast kein Deutsch. Sie weiß noch nicht, in welcher Stadt sie leben und zur Schule gehen wird, aber sie wird die dritte Klasse besuchen. Sie ist acht Jahre alt und war immer gut in der Schule. Hoffentlich schafft sie hier alles! Kateryna vermisst ihre Freundin Angelina sehr.

1 **Vergleiche die Schulen und ergänze die Tabelle.**

	Max **Berlin** **Grundschule**	**Jonne** **Insel** **Inselschule**	**Emilia** **Neustadt** **Grundschule**
Wie groß ist die Schule (klein, mittel, groß)?	....	....	....
Wie lange bleiben die Kinder in ihrer Klasse zusammen?	....	10 Jahre	....
Wie viele dritte Klassen hat die Schule?	mindestens	....	....
Wie viel Kinder sind in der Klasse?	....	....	nicht bekannt

2 **Welche Schule würdest du dir wünschen, wenn du Kateryna wärst? Kreuze an und begründe.**

a) Meine eigene Schule ☐
b) Max' Schule in Berlin ☐
c) Jonnes Inselschule ☐
d) Emilias Schule in Neustadt ☐

....

....

....

Hier kannst du deinen Erfolgssticker einkleben.

Gemüse-Gesichter – Rezept für die kalte Küche

LESETEXT

Du brauchst pro Person folgende **Zutaten**:

- 2 Scheiben rundes Knäckebrot
- Frischkäse (Du kannst auch Hüttenkäse, Quark oder einen vegetarischen Aufstrich nehmen.)
- Rote Paprika, Gurke, Möhren, kleine Tomaten, Schnittlauch, Petersilie, Kresse und andere rohe Gemüse, die dir schmecken.

So geht's:

Wasche in einem Sieb das Gemüse und die Kräuter und trockne alles ab. Bestreiche die beiden Knäckebrotscheiben mit einer Schicht Frischkäse (oder Hüttenkäse, Quark, Aufstrich ...).
Lege die Gemüsescheiben und -stücke so auf das „Käsegesicht", dass lustige Gesichter entstehen: Gurkenscheiben mit einer halben Minitomate darauf ergeben zum Beispiel herrliche Glotzaugen! Sollen sie zur Seite gucken oder sogar schielen? Ein gebogener Schnitz rote Paprika ergibt einen lachenden – oder maulenden – Mund. Aus den Kräutern kannst du tolle Frisuren machen. Kresse eignet sich gut für Bärte. Tiergesichter bekommen mit etwas Schnittlauch prächtige Schnurrhaare.

Probier aus, wie gut dieser gesunde Snack schmeckt! Manchmal sind die Gesichter allerdings fast zu schön zum Reinbeißen. Dann mach einfach vorm Essen ein Foto davon. Frisch schmecken sie nämlich am besten!

Male die Gemüse-Gesichter, die Franz und Emilia gelegt haben.

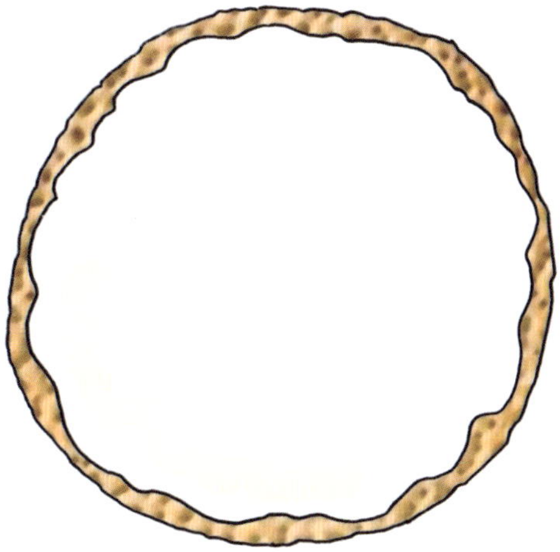

Emilia: „Ich mache eine Katze. Als erstes kriegt sie spitze Ohren aus Gurkenschale. Dann bekommt sie schmale grüne Augen aus halben Gurkenscheiben. In die Mitte der Augen lege ich jeweils eine Scheibe Möhre. Ja, sie hat grün-orange Augen! Eine halbe Mini-Tomate ist die Nase. Das Mäulchen mache ich aus zwei gebogenen roten Paprikastückchen. Hey, sie streckt ihre grüne Gurkenzunge heraus! Die Barthaare lege ich aus langen Schnittlauchröhren. Ganz schön viel Grün für eine Katze! Ich nenne sie Greeny. Auf Englisch heißt grün ja green. Und es klingt auch ein bisschen nach grienen. Das tut sie nämlich! Und jetzt bekommt sie noch ein paar Kresse-Locken. Kresse mag ich nämlich gerne."

Franz: „Meins wird das Gesicht eines Piraten. Der heißt Piet! Piet hat Segelohren aus Gurkenscheiben. In einem Ohr trägt er einen Ohrring aus Paprika. Er kriegt rote Augen aus kleinen Tomatenhälften. Aus Kresse mache ich ihm buschige Augenbrauen. Er bekommt eine lange, dünne Paprikanase und einen grimmigen Mund, auch aus Paprika. Man sieht seine dunklen Zähne aus Gurkenschale da rausgucken. Zwischen Nase und Mund krümele ich ganz viele kleine Schnittlauchstückchen, er soll unrasiert und wild aussehen. Als Augenklappe nehme ich eine Gurkenscheibe und lege sie über das Tomatenauge. Petersilienstängel sind das Band, das die Augenklappe hält. Was mache ich mit den Petersilienblättern? Das werden seine Haare!"

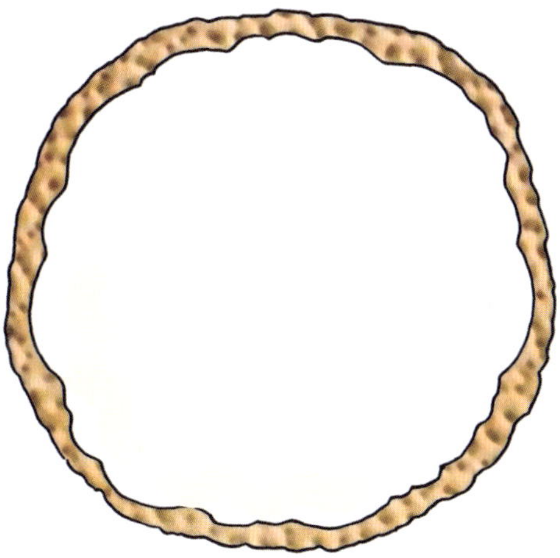

Hier kannst du deinen Erfolgssticker einkleben.

Falte dein eigenes Lesezeichen

LESETEXT

Einfache Dinge, wie dieses Lesezeichen, werden besonders schön, wenn du sorgfältig arbeitest. Achte beim Falten immer auf Genauigkeit und mache die „Daumenreise“: Ziehe mit deinem Daumennagel über die Faltung, dann wird sie exakt und schön.

Für das Lesezeichen **brauchst du**:
- Ein quadratisch zugeschnittenes Stück Papier
- Eine Schere
- Einen Klebestift oder Bastelkleber

Es eignet sich fast jedes Papier, das dir gefällt und das du sonst nicht mehr brauchst: Seiten aus Zeitungen oder Zeitschriften mit schönen Bildern oder schöner Schrift, Comicseiten, Geschenkpapierreste, Noten- oder alte Kalenderblätter, Buntpapier. Es gibt auch fertig zugeschnittene, einfarbige oder gemusterte Faltpapiere. Das Papier sollte für dünnere Bücher nicht zu dick sein.
Miss ein Quadrat von deinem Papier ab. Für ein größeres Buch sollte das Quadrat 15x15 cm, für ein kleineres Buch 10x10 cm groß sein. Lass dir von einer erwachsenen Person helfen, wenn du das Abmessen allein nicht hinbekommst. Schneide das Quadrat sorgfältig zu.

Nun geht es los:

1 Lege das Papierquadrat vor dich auf den Tisch. Bei bedrucktem Papier liegt die Seite, die man später außen sehen soll, unten.

2 Falte das Quadrat über die Mitte, genau Seite auf Seite, so dass ein Rechteck entsteht.

3 Öffne das Papier wieder und falte nun ein Rechteck in die andere Richtung. Wenn du das Quadrat erneut öffnest, ist ein Kreuz zu sehen.

4 Lege das Quadrat so, dass eine Ecke zu dir zeigt. Falte zuerst die rechte, dann die linke seitliche Ecke zur Mitte. Du siehst jetzt in der Mitte zwei Dreiecke und oben und unten je ein Quadrat.

5 Schneide das obere Quadrat sauber weg. Jetzt siehst du ein Quadrat mit „Ohren“.

6 Falte eins der Ohren an der schon vorhandenen Faltlinie auf das Quadrat. Falte das andere Ohr ebenso auf das Quadrat und klebe es auf das erste Ohr.

Jetzt hast du eine kleine Tüte, die wie ein spitzer Hut als Lesezeichen über eine Buchseite geschoben wird. Dabei liegt das Quadrat hinten.

TIPP Dieses Lesezeichen ist nicht nur schnell fertig, es ist auch ein schönes kleines Geschenk. Du kannst das Papier mit passenden Motiven für die Beschenkte oder den Beschenkten aussuchen. Oder du nimmst Papier in ihrer/seiner Lieblingsfarbe. Dann kannst du etwas darauf malen oder kleben. Oder du schreibst etwas darauf.

Bearbeite die Schritte 1 bis 6 sorgfältig und einen nach dem anderen. Dann klappt es!

Hier kannst du deinen Erfolgssticker einkleben.

Feuerbohnen aussäen, pflegen und ernten

LESETEXT

Hast du Lust, selbst gezüchtetes Gemüse zu kochen? Dann probiere es einmal mit Feuerbohnen!
Feuerbohnen wachsen schnell. Sie haben schöne rote Blüten, aus denen sich die Bohnen entwickeln. Die Bohnen schmecken jung am besten. Du kannst sie aber auch später noch ernten und zubereiten.

Die Aussaat beginnst du im Zimmer ab Anfang Mai. Die Samen keimen besser, wenn sie eine Nacht in Wasser liegen, bevor du sie aussäst. Für drei Pflanzen brauchst einen großen Blumentopf, in den du bis 2 cm unter den Rand Erde einfüllst. Da hinein legst du etwa 3 cm tief die Samen. In einem Topf sollten es nicht mehr als drei Samen sein. Halte die Erde immer gut feucht. Nach spätestens zwei Wochen erscheinen die Keimblätter. Ab dann wachsen deine Pflanzen schnell. Wenn sie 15 cm groß sind, brauchen sie etwas, woran sie hochwachsen können. Stecke dafür drei lange Stöcke oder Bambusstäbe tief in die Erde und binde sie oben wie ein Tipi zusammen.
Ab Juni stellst du den Bohnen-Topf nach draußen auf den Balkon, vor die Haustür oder in den Garten. Wenn deine Pflanzen blühen, sollen sie dort von Insekten bestäubt werden. Bohnen brauchen immer etwas Sonne, um gut zu gedeihen. Nach 8–10 Wochen bilden sich die Bohnen. Du kannst sie ab einer Länge von 10 cm ernten. Oder du lässt sie ganz ausreifen, bis sie große, schön gemusterte Kerne gebildet haben. Pule die Kerne aus den Hülsen und koche sie für 15 Minuten in Salzwasser, zum Beispiel für eine Bohnensuppe. Sie sind auch gute Samen für das nächste Jahr.

Eins musst du unbedingt noch wissen:
Roh, also ungekocht, sind Bohnen giftig!

Beschrifte die Zeichnungen 1 bis 7. Die einzelnen Schritte findest du in der Wörterliste.

Ausgereifte Samen ■ Aussaat der Bohnen ■ Die ersten Bohnen sind da! ■ Die Keimblätter zeigen sich. ■ Eine Rankhilfe aus Ästen ■ Guten Appetit! ■ Hummeln bestäuben die Blüten.

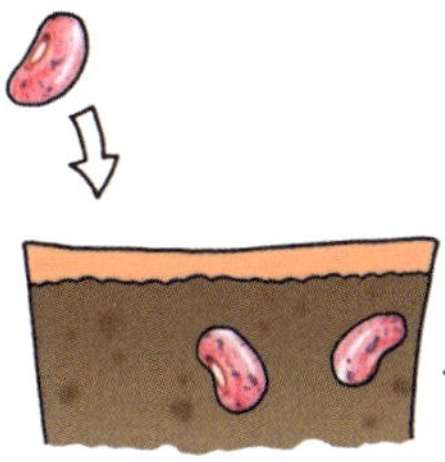
1

2

3

4

5

6

ACHTUNG Alle Bohnen enthalten Phasin. Phasin ist giftig! Es wird durch Kochen zerstört. Deshalb können wir gekochte Bohnen ohne Sorge genießen. Wir dürfen aber niemals rohe Bohnen essen, auch nicht die Samen!

7

Hier kannst du deinen Erfolgssticker einkleben.

Lina und Leo räumen den Geschirrspüler ein

LESETEXT

Linas Geburtstag geht zu Ende, es war ein tolles Fest! Trotzdem ist Lina traurig. Seit sie denken kann, ist Leo ihr bester Freund. Sie wohnen im selben Haus und waren zusammen im Kindergarten. Sie gehen zusammen zur Schule. Nun zieht Leo um. Übermorgen. Ausgerechnet nach München, weiter weg geht es ja kaum! Es sind über 900 Kilometer von Flensburg nach München.
Die Gäste sind alle gegangen. Nur Leo hat keine Lust aufzubrechen, zu all den gepackten Umzugskisten. Nur nicht an übermorgen denken! „Ihr könnt den Geschirrspüler einräumen“, sagt Linas Mutter. Die Kinder tragen Teller, Gläser und Kakaobecher zum Spüler. Leo kann sich nie merken, wohin welches Geschirr gehört. „Gläser und Becher kommen nach oben“, sagt Lina. Leo stellt die Gläser hinein. Lina lacht. „Hey, andersrum! Sonst ist nachher Wasser drin!“ Leo dreht die Gläser mit der Öffnung nach unten. Mit spitzen Fingern stellt er die klebrigen Becher dazu. Er schnappt sich einen Löffel und kratzt genüsslich die Salatschüssel aus. „Euer Kartoffelsalat ist der beste!“, schwärmt er. Linas Mama lacht und sagt: „Wenn du fertig bist, stell die Schüssel als Erstes unten rein, die braucht am meisten Platz. Die Teller stellst du drum herum.“ Als der Spüler läuft, holt Mama ihr Tablet. Sie zeigt den Kindern einen Film aus einer laufenden Spülmaschine. „Ein verrückter Film“, lacht Leo, „aber jetzt sieht man, warum die Gläser so stehen müssen. Das merke ich mir!“ Lina legt eine Hand auf Leos Schulter. Es ist schön, mit ihrem Freund komische Videos zu gucken. Und zum Glück können sie mit dem Tablet auch Videoanrufe machen, wenn Leo weggezogen ist!

1 **Fülle die Spülmaschine, indem du das Geschirr hineinmalst.**

2 **Beantworte die Fragen zum Text.**

a) In welcher Stadt leben Lina und Leo?

....

b) Warum ist Lina an ihrem Geburtstag traurig?

....

c) Wie viele Kilometer liegen zwischen Flensburg und München?

....

d) Was meinst du: Wie können Lina und Leo in Kontakt bleiben?

....

....

....

Hier kannst du deinen Erfolgssticker einkleben.

Ein Bericht in der Schülerzeitung

LESETEXT

Spannendes Fußballturnier der dritten und vierten Klassen

Beim laufenden Fußballturnier der dritten und vierten Klassen wurde am vergangenen Freitag die erste Runde gespielt. Es hieß, jede Klasse gegen jede Klasse, es gab also sechs Spiele. Dabei hat die 3a die 3b besiegt, aber gegen die 4a und die 4b verloren. Die 3b konnte zwei Siege gegen die Vierten holen. Top-Mannschaft war mit 5 Punkten die 4a. Mit vier erfolgreichen Vereinsspielern hatte sie von allen klar die besten Chancen. Die 3b steht auf Platz zwei. Schlusslicht ist die 4b, wozu zu sagen ist, dass zwei ihrer besten Spielerinnen krank waren. Torkönig war mit vier Toren Finn aus der 3a, gefolgt von Tabea aus der 4a mit drei Toren. Die neue Mitschülerin Nayla hat gleich bei ihrem ersten Fußballspiel ein Kopfball-Tor für die 4b erzielt. Das brachte der 4b mit dem 3 : 2 gegen die 3a ihren einzigen Sieg ein. Weitere Ergebnisse sind in der Tabelle zu finden. Kommenden Freitag beginnt die K.-o.-Runde. Dann spielt die 4a gegen die 3b und die 3a gegen die 4b. Ein Bericht folgt.

gegen	3a	3b	4a	4b
3a	X	5 : 3	2 : 3	2 : 3
3b	3 : 5	X	1 : 1	2 : 1
4a	3 : 2	1 : 1	X	4 : 2
4b	3 : 2	1 : 2	2 : 4	X

1 **Wie viele Mannschaften haben bei dem Turnier gespielt? Unterstreiche die richtige Zahl.**

Es waren zwei / drei / vier / fünf / sechs Mannschaften.

2 **Im Bericht steht, es gab sechs Spiele. In der Tabelle stehen aber zwölf Ergebnisse. Woran liegt's? Kreuze an.**

a) Nele hat sich vertan. Es gab zwölf Spiele. ☐
b) In der Tabelle ist jedes Spiel doppelt aufgeführt. ☐
c) Die Tabelle enthält schon die Ergebnisse der K.-o.-Runde. ☐

3 **Für einen Sieg bekommt eine Mannschaft zwei Punkte, für ein Unentschieden bekommt sie einen Punkt. Ergänze die Tabelle.**

Klasse	3a	3b	4a	4b
Platz			1	
Punkte	2			
erzielte Tore			8	

Für die Platzierung zählen die Punkte. Bei gleicher Punktzahl gilt die Mannschaft als besser, die mehr Tore erzielt hat.

4 **In den Bericht hat sich ein Fehler eingeschlichen. Er betrifft die Klasse 3b. Schreibe ihn auf.**

....

....

....

Hier kannst du deinen Erfolgssticker einkleben.

Eine Zeitungsnotiz

LESETEXT

Känguru sorgt für Aufregung

Ein Känguru hat in Südhessen für Aufregung gesorgt. Eine Autofahrerin entdeckte das Tier in der Nacht zum Freitag bei einer Bushaltestelle und rief die Polizei.
Die Beamten nahmen den Ausreißer an Bord ihres Streifenwagens und lieferten das Tier in einem nahen Bergtierpark ab.
Freitagfrüh meldete sich eine Frau bei der Polizei, um ihr Känguru als vermisst zu melden. Die Beamten konnten ihre Sorgen zerstreuen und erklärten, das Känguru habe nach einer Fahrt im Polizeiauto die Nacht im Tierpark verbracht.

(gekürzt)
AFP, 18.10.2024

1 In welchem deutschen Bundesland sorgte ein Känguru für Aufregung? Kreuze an.

a) In Bayern ☐ b) In Hessen ☐ c) In Brandenburg ☐

2 Wer entdeckte das Tier? Kreuze an.

a) Ein Nachtwächter ☐ b) Eine Busfahrerin ☐
c) Eine Autofahrerin ☐

3 Wann wurde das Känguru entdeckt? Kreuze an.

a) Freitagfrüh ☐ b) In der Nacht zum Freitag ☐
c) Freitagnachmittag ☐

Kängurus werden zum Abend hin aktiv. Dann fressen sie vor allem frische Gräser und Blätter.

4 **Womit (a) und wohin (b) transportierten die Polizei-Beamten das Känguru? Setze ein.**

a) Die Beamten nahmen den Ausreißer an Bord ....

....

... einer Boeing 747 ■ ... eines Polizeibootes ■ ... ihres Streifenwagens

b) Sie .... das Tier ....

....

brachten ■ versteckten

im Tierpark ■ im Kofferraum ■ in einen nahen Bergtierpark ■ zur Bushaltestelle

5 **Ein Känguru als Haustier? Lies den Text. Unterstreiche blau, was für die Haltung eines Kängurus als Haustier spricht. Unterstreiche rot, was dagegen spricht.**

Kängurus sind Wildtiere. Es sind schöne und interessante Tiere. Manche Arten sind sehr groß, sie können bis zu 1,80 m hoch werden. Es gibt aber auch ganz kleine Arten, nicht größer als ein Hase. Als Bewohner der Südhalbkugel unserer Erde mögen sie keine kalten Temperaturen. Sie können sehr weite Strecken zurücklegen und die meisten können hoch und sehr weit springen. Kängurus sind Einzelgänger. Sie treffen sich aber gerne in kleineren Gruppen, zum Beispiel zum Fressen. Am besten bekommen ihnen heimische Pflanzen. Kleine Kängurus sind sehr wählerisch mit ihrem Futter. Sie vertragen oft nur ganz bestimmte Blätter oder Früchte. Mittags schlafen Kängurus gerne in der Sonne. Richtig munter werden sie erst, wenn wir langsam ans Schlafengehen denken.

Hier kannst du deinen Erfolgssticker einkleben.

Internetsuche zum Thema *Wespen*

LESETEXT

Endlich Sommerferien! Im Garten gibt es Leos Lieblingskuchen, Pflaumen-Streusel. Wenn nur die Wespen nicht wären! Leos Mutter hat ein gutes „Rezept“ dagegen: Sie legt in einiger Entfernung vom Kuchen aufgeschnittene rote Weintrauben auf einen Teller. Die mögen die Wespen und die Trauben lenken sie vom Kuchen ab. Trotzdem interessiert sich eine Wespe für Leos Kuchen. Wie wild surrt sie um ihn herum! „Sind Wespen eigentlich für irgendetwas nützlich?“, fragt er genervt. „Das könntest du nachher im Internet herausfinden“, antwortet die Mutter. Am Abend gibt Leo seine Frage in die Suchmaschine ein: Sind Wespen nützlich? Es erscheint ein kurzer Infotext vom Norddeutschen Rundfunk: „Wespen gehören wie auch Bienen zu den sogenannten Hautflüglern und übernehmen eine wichtige Aufgabe im Ökosystem.“ Leo weiß nicht, was Ökosystem bedeutet, aber er liest erstmal weiter: „Die meisten Wespenarten ernähren sich von Pflanzensäften und Obst. Dazu besuchen sie viele Blüten und tragen zu deren Bestäubung und damit zu einer reichen Obsternte bei.“ Das versteht Leo. „Sie bestäuben Obstblüten“, erklärt er seiner Mutter. „Vielleicht wollen sie deshalb was vom Obstkuchen abhaben.“ Mama lacht. „Steht da auch, was man tun kann, damit sie einen nicht stechen?“, fragt sie. Leo klickt auf einen Link zu einer weiteren Seite. Er liest, dass der Trick mit den Weintrauben gut funktioniert und dass man nicht nach Wespen schlagen oder sie wegpusten soll. „Man soll keine bunte Kleidung tragen und keine duftenden Cremes oder Haargels benutzen“, berichtet er der Mutter. „Dann stechen sie nicht?“, fragt sie zweifelnd. „Sowas zieht sie jedenfalls an“, antwortet er. Er holt für den nächsten Tag ein schwarzes T-Shirt und dunkle Jeans aus dem Schrank und legt beides auf den Stuhl neben seinem Bett.

TIPP Als **Ökosystem** bezeichnet man Lebensgemeinschaften verschiedener Lebewesen (Pflanzen, Tiere, Menschen oder Mikroorganismen) in ihrem speziellen Lebensraum. Beispiele für Ökosysteme sind: Meer, Wald, See, Wiese, Wüste, Regenwald.

1 **Leo schlägt das Wort *Ökosystem* nicht nach, obwohl er nicht weiß, was es bedeutet. Auch seine Mutter fragt er nicht danach. Was hättest du an seiner Stelle getan? Kreuze an.**

a) Ich hätte die Mutter gefragt. ☐
b) Ich hätte es gemacht wie Leo. Man versteht es auch so. ☐
c) Ich hätte kurz nachgeschlagen, im Internet geht das ja schnell. ☐

2 **Was kann passieren, wenn man einen schwierigen Begriff im Internet sucht? Kreuze an oder notiere.**

a) Erklärungen schwieriger Wörter enthalten oft neue schwierige Wörter. Das hilft einem dann nicht weiter. ☐
b) Manchmal liest man sich fest und vergisst, was man eigentlich machen wollte. ☐

c) ....

3 **Warum stellt Leos Mutter etwas entfernt vom Kuchen halbierte rote Weintrauben auf? Schreibe zwei Sätze.**

....

....

4 **Schreibe mindestens vier Dinge auf, durch die Wespen leicht angelockt werden.**

....

....

Hier kannst du deinen Erfolgssticker einkleben.

Linas E-Mail an Leo

LESETEXT

Hallo Leo,

es ist wie verhext! Ich habe eine witzige Postkarte für dich gekauft, mit Briefmarke. Die würde dir gefallen! Aber wir finden deine neue Adresse nicht. Mama meinte, in München heißt bestimmt niemand außer euch Petersen. Ich wollte es einfach mal ausprobieren und schreiben:

An
Leo Petersen
München

Aber dann hat Mama gelacht und mir doch lieber den Laptop gegeben. Sonst wäre vielleicht die schöne Karte futsch! Wie gut, dass ich deine E-Mail-Adresse habe. So bekommst du die Post auch schneller.
Du hast es gut, bei euch sind noch Ferien! Wir hatten heute unseren ersten Schultag. Ich habe immer wieder zu deinem leeren Platz geguckt. Alle vermissen dich. Morgen setzen wir uns um, hat Frau Bock gesagt. Vielleicht darf ich wieder neben Elena sitzen. Weißt du, was wir im Frühling machen? Eine Klassenfahrt! Wir fahren auf ein Gelände eines Naturschutzvereins und da machen wir ein Projekt. Wir sollen uns überlegen, was uns mehr interessiert: Wölfe oder Tiere am See. Du würdest bestimmt Wölfe wählen, oder? Ich brauche ganz schön lange beim Tippen. Nun bist du dran, schreib mir bald, Leo! Ich will doch wissen, wie es dir geht? Und deine Adresse brauche ich auch!

Viele Grüße
deine Lina

1 **Warum schreibt Lina eine E-Mail und keine Postkarte an Leo? Antworte in einem vollständigen Satz.**

....

....

2 **Was meinst du: Warum hat Lina immer zu Leos leerem Platz geguckt? Kreuze an.**

a) Weil sie es gewöhnt ist, dass Leo dort sitzt. ☐
b) Weil sie selbst dort sitzen möchte. ☐
c) Weil sie Leo vermisst. ☐

3 **Zwischen welchen Themen darf sich Linas Klasse für das Projekt auf der Klassenfahrt entscheiden? Schreibe auf.**

.... oder ....

4 **Was schreibst du für den Austausch mit einem Freund oder einer Freundin lieber: E-Mails oder Briefe? Kreuze an und ergänze.**

☐ E-Mails, weil ...	☐ Briefe, weil ...
☐ es schneller geht.	☐ ich Briefmarken toll finde.
☐ ich nicht gern schreibe.	☐ ich nicht gern tippe.
☐ ich Fotos mitsenden kann.	☐ ich dazu malen kann.
☐ ich keine Briefmarke brauche.	☐ ich keinen Computer habe.
☐	☐ ....

Hier kannst du deinen Erfolgssticker einkleben.

1. Märchen, Fabel und Sage

Ein Märchen der Brüder Grimm

Seite 9

1. kleines Zimmer: Kämmerchen • am Körper: am Leibe • jemand, der mitfühlt: ein mitleidiges Herz • gottgläubig: fromm • eine Silbermünze: ein Taler • Heute nennt man es T-Shirt: Leibchen • Leinen: Linnen • „Lass es dir gut schmecken.": „Gott segne dir's."
2.

Das Mädchen gibt ...	ja	nein
sein Stückchen Brot.	x	
sein Taschentuch.		x
seinen Haarreif.		x
seine Mütze.	x	
sein Hemdlein.	x	
sein Röcklein.	x	
seine Schuhe.		x
sein Sternenhemdchen.		x
sein Leibchen.	x	
seine Puppe.		x

Eine Fabel nach Aesop

Seite 11

1. Die beiden ersten Lösungen sind möglich. Dass ein Tier aus Faulheit sein Leben aufgibt, ist nicht wahrscheinlich.
2. Wieder können die beiden ersten Antworten richtig sein. Die dritte Antwort ist falsch, denn der Frosch hat keine Familie, die im Tümpel lebt.
3. Nur die mittlere Moral passt. Denn die Frösche streiten nicht. Und sie haben nichts, womit sie zufrieden sein könnten, sie müssen um ihr Leben kämpfen.

Eine griechische Sage

Seite 13

1.

Europa	Prinzessin, Tochter von Agenor und Telephassa
Telephassa	Königin und Mutter von Europa
Agenor	König und Vater von Europa
Zeus	Göttervater und Mann von Hera
Hera	Göttin und Frau des Zeus

2. Alle Lösungen, a), b) und c), sind richtig. Es ist bekannt, dass Zeus es liebte, sich in ein Tier zu verwandeln. Vielleicht wusstest du das?

2. Gedichte

Ich weiß einen Stern

Seite 15

1. a) lachen und weinen, b) tausend Dingen, c) die Rehe, d) Blumen, e) herrliche Schiffe.
2. a) lachen – weinen, b) Städte – Wälder
3. a) wundersam – weinen kann, b) Dingen – springen, c) blühn – ziehn, d) gern – Stern

Verblühter Löwenzahn

Seite 17

1. Antwort c) ist richtig.
2. Antwort c) ist auch hier richtig.
3. Mögliche Lösungen sind: stand er da • im Silberhaar • Aber eine Dame • machte ihre Lippen spitz (als ob sie ihn küssen wolle) • Glatze
4. a) Macht bedeutet hier Kraft. b) Pracht bedeutet hier das Silberhaar, also die vielen kleinen Samenschirmchen des „Herrn Löwenzahn".
5.

6. Es ist Ansichtssache, ob ein Adjektiv gut passt, oder nicht. Als einziges Adjektiv ist hier nur gruselig wirklich unpassend.

3. Aus der Kinderbuch-Welt

Aus: *Jolle und ich. Der Tag, an dem ein Pinguin bei uns einzog*

Seite 19

1. Das erzählende Kind ist ein Mädchen und heißt Thea.
2. Antwort b) ist richtig. Dort nennt der Pinguin das erzählende Kind Thea. Thea ist ein Mädchenname. Der entsprechende Jungenname wäre Theo.
3. Es wird Fußball gespielt.
4. Antworten b) und g) sind richtig. Jolle ist ein Pinguin und wohnt seit Neuestem bei Thea.
5. Die erste und die letzte Aussage sind richtig.

Aus: *Freddy und der Wurm*

Seite 21

1. a) sehen, b) meiden (im Text heißt es in der Vergangenheitsform mieden), c) sprechen/reden
2. Nur Antwort b) ist richtig.
3. Die Antworten b) und c) passen beide. Antwort a) passt nicht, denn die anderen Kinder können den Wurm nicht sehen und finden es ziemlich verrückt, dass Freddy ständig vor sich hin spricht. Darauf sind sie bestimmt nicht neidisch!
4. Antwort b) ist richtig.

Aus: *Doktor Dolittle und seine Tiere*

Seite 23

1. Der Papagei heißt Polynesia, der Hund heißt Jip.
2. Bevor er Tierarzt wurde, war Doktor Dolittle ein Arzt für Menschen.
3. Zuerst wurden Möpse und Pudel gebracht, später Schafe und Kühe.
4. Antwort b), der Ackergaul braucht eine Brille.

Aus: *Herr Bello und das blaue Wunder*

Seite 25

1. Antworten a) und c) sind richtig. Die Tatsache, dass der Hund die Hühner jagt (Antwort b), könnte Max eher ängstlich stimmen.
2. Freundlich, friedlich, graubraun, groß, jagdlustig, struppig, wild und zutraulich passen zum Hund.
3. Die Antworten b) und c) sind richtig. Vielleicht hast du eine andere Idee? Zum Beispiel dass der Hund Max' Vater zu wild ist? Ich kann dir verraten: Max bekommt den Hund und sie werden viele spannende Dinge zusammen erleben!

Aus: *Die Glücklichen Inseln hinter dem Winde*

Seite 27

1. Die „Ursprache“ musst du einfach nur rückwärts lesen! Schwierig dabei ist aber, dass die Wörter anders getrennt werden als beim Vorwärtslesen: „Kommen Sie“ heißt nicht einfach „Eis nemmok“, sondern „Ei snemmok“. Hast du es rausgekriegt? Klasse!
2. Antwort a) ist nicht möglich, denn fleischfressende Wildtiere sind daran gewöhnt, sich von anderen Tieren zu ernähren. Wenn sie sie bekommen können, werden sie sie fressen. Antwort b) könnte möglich sein, denn Menschen können sich umstellen. Aber die Erfahrung zeigt, dass viele Menschen Fleisch essen und ihre Essgewohnheiten nicht ändern wollen. Bleibt nur c) als klar richtige Antwort.
3. Philine ist eine Maus (b).
4. Antwort c) ist richtig. Das Schiff des Kapitäns heißt *Zikade*.

Aus: *Pünktchen und Anton*

Seite 29

1. So sollte dein Text lauten:
   Der Junge heißt Anton. Das Mädchen, das zu Besuch kommt, heißt Pünktchen. Der Dackel heißt Piefke. Er gehört Pünktchen. Antons Mutter ist schon länger krank und liegt im Bett. Pünktchens Mutter hat Migräne.
2. Beispiellösungen:
   - Anton kocht, weil seine Mutter noch zu krank zum Kochen ist.
   - Anton kocht, damit sie nicht verhungern.
   - Anton kocht, damit seine Mutter schnell wieder gesund wird.
3. Beispiellösungen:
   - Antons Familie hat wahrscheinlich wenig Geld. Seine Mutter ist Aufwartefrau und verdient bestimmt nur wenig.
   - Sie haben bestimmt wenig Geld. Es scheint auch keinen Vater zu geben, der Geld verdient.
   - Sie haben bestimmt wenig Geld. Man sieht es daran, dass Anton nur Salzkartoffeln kocht. (Allerdings kommt später noch Rührei dazu.)
   - Sie haben wenig Geld, sonst könnten sie jemanden anstellen, der kocht, solange die Mutter krank ist. Oder Anton könnte etwas Fertiges zu essen holen, dann müsste er nicht nach der Schule kochen.

4. Sachtexte

Der Kleiber, ein munterer Klettermaxe

Seite 31

1. Antwort c) ist richtig.
2. Der Kleiber ist ein eher schneller Vogel (b). Zwei Satzteile, die dazu passen, sind ein flinker kleiner, heimischer Vogel (Zeile 4) und Schnell nimmt er sich einen ordentlichen Schnabel voll Futter (vorletzte und letzte Zeile).
3. So sollte dein Text lauten:
   Der ganze Körper des Kleibers wirkt kompakt. Sein Schwanz ist kurz. Blaugrau ist sein Rückengefieder. Der Bauch ist von hellem, rötlichem Braun. Im Text gibt es keine Angaben darüber, welche Farbe die Augen, Beine und Flügel des Kleibers haben.
   (Im letzten Satz reicht es, wenn du nur eine der drei Möglichkeiten aufgeschrieben hast.)

Vom Löwenzahn zur Pusteblume

Seite 33

1. 1. Löwenzahn 2. Taraxacum 3. Pusteblume
2. Antwort b) ist richtig.
3. Seine Hauptblütezeit hat der Löwenzahn im April und Mai.

4. 1. Zur Nacht 2. Bei bedecktem Himmel (und bei Regen) 3. Wenn er verblüht ist.
5. a) und e): Der Löwenzahn verbreitet sich durch Wind und Pusten.

Das menschliche Auge

Seite 35

1. Um sehen zu können, muss Licht vorhanden sein.
2. b) Netzhaut
3. a), b) und d) sind richtig, wobei d) nur kurzzeitig sinnvoll ist. Wenn du dich mit Sonnencreme eincremst, solltest du immer etwas Abstand zu deinen Augen lassen.
4. Weil bei Kindern die Augen, besonders die Netzhäute, noch sehr empfindlich sind.

Jedes Kind hat Rechte

Seite 37

körperlich besonders wichtig sind: Wohnung, Kleidung, Nahrung, Sportverein
seelisch besonders wichtig sind: Familie, Nachbarn, Freunde, manchmal auch Schule und Vereine
geistig besonders wichtig sind: Familie und Schule
sozial besonders wichtig sind: Wohnung, Familie, Nachbarn, Freunde, Schule, Sportverein und Musikschule
Du kannst aber auch andere Dinge als wichtig für bestimmte Bereiche empfinden. Zum Beispiel ist die Musikschule körperlich für dich wichtig, weil du dort tanzt. Kleidung vielleicht sozial wichtig für dich, weil du mit ihr zeigen kannst, dass du bei einer Sache dazugehörst (Sportbekleidung oder besonders schicke Kleidung auf Festen).

Damals und heute – Franz und Franziska

Seite 39

1. So sollte dein Text lauten:
   Franz ist ein Bauernjunge. Er wurde 1917 geboren. Franziska ist ein Mädchen, das in einem Dorf lebt. Sie wurde 2017 geboren, also 100 Jahre nach Franz. Sie wird auch Franzi genannt. Max ist der ältere Bruder von Franz. Ihre Schwester heißt Traudchen. Und wer ist Lena? Ach ja, sie ist Franzis Freundin.
2. Hier gibt es kaum festlegbare Lösungen. Für Franz' Schulweg passen dennoch einige Adjektive besonders gut: abwechslungsreich, anstrengend, beschwerlich, interessant, mühsam und vielleicht auch unterhaltsam. Für Franzis Weg passen auf jeden Fall: bequem, gemütlich und schnell. Andere Adjektive können passen oder auch nicht! Im Sommer ist Franz' Schulweg bestimmt gut für die Gesundheit gewesen. Im Winter vielleicht aber nicht immer. Und ob es unterwegs lustig ist, kommt darauf an, wie gut man sich versteht. Für welche Adjektive hast du dich entschieden?

Naturschutz auf kleinem Raum

Seite 41

1. a) Nordsee ist richtig.
2. Trottellummen, Basstölpel, Austernfischer, Eissturmvögel und verschiedene Möwenarten sind als Antwort richtig.
3. Die jungen Lummen bleiben drei Wochen auf dem Felsen, die jungen Basstölpel drei Monate.
4. Beispiellösung:
   Die jungen Lummen müssen lernen, selbst Nahrung zu finden. Die erwachsenen Lummen fliegen vom Felsen herunter und rufen die Jungen. Die Jungen folgen dem Ruf der Eltern und springen hinab.
5. Sie fressen vor allem Heringe und Makrelen.

Vier Kinder in Deutschland

Seite 43

1. Max' Grundschule in Berlin ist sehr groß. Die Kinder bleiben sechs Jahre lang zusammen in einer Klasse. Es gibt mindestens vier dritte Klassen, denn Max geht in die 3d. Dort sind sie 25 Kinder.
   Jonnes Inselschule ist mittelgroß. Die Kinder bleiben 10 Jahre zusammen in einer Klasse. Es gibt eine dritte Klasse mit 16 Schülerinnen und Schülern.
   Emilias Schule ist eher klein. Die Kinder bleiben dort nur vier Jahre zusammen in einer Klasse. Es gibt zwei dritte Klassen.
2. Hier zählt deine eigene Meinung. Man kann keine Vorgaben machen oder sagen, was richtig oder falsch ist.

5. Gebrauchstexte

Gemüse-Gesichter – Rezept für die kalte Küche

Seite 45

Die Lösung dieser Seite hast du – wenn du das Rezept ausprobiert hast – auf dem Teller! So ähnlich sollte sie aussehen:

Falte dein eigenes Lesezeichen

Seite 47

So sollten deine Arbeitsschritte ausgesehen haben:

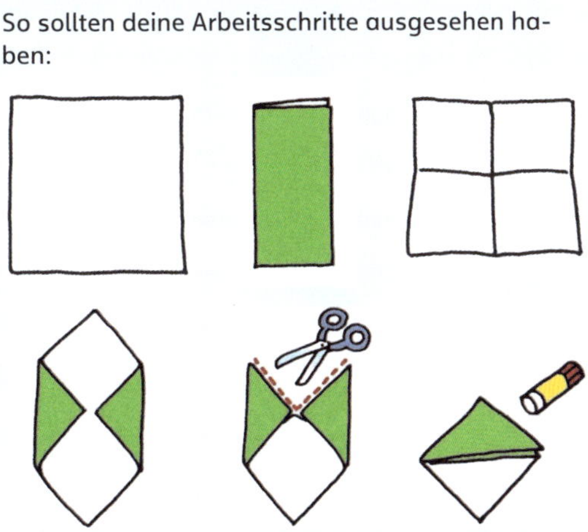

Feuerbohnen aussäen, pflegen und ernten

Seite 49

Die richtige Reihenfolge der Beschriftung lautet:
1. Aussaat der Bohnen 2. Die Keimblätter zeigen sich. 3. Eine Rankhilfe aus Ästen 4.Hummeln bestäuben die Blüten. 5. Die ersten Bohnen sind da! 6. Ausgereifte Samen 7. Guten Appetit!

Lina und Leo räumen den Geschirrspüler ein

Seite 51

1. So sollte deine Zeichnung aussehen:

2. a) In Flensburg. b) Weil Leo nach München zieht. c) Mehr als 900 km. d) Es gibt viele Möglichkeiten für die beiden Kinder, in Kontakt zu bleiben. Sie können telefonieren, auch über Video-Anrufe. Sie können sich gegenseitig E-Mails, Briefe und Postkarten schicken. Vielleicht dürfen sie einander Nachrichten über das Handy senden, Sprachnachrichten oder Fotos und kurze Videos aus ihrem Alltag. In den Ferien können sie sich vielleicht sogar besuchen oder die Familien treffen sich auf halbem Weg zwischen Flensburg und München.

6. Zeitung, Internet und E-Mail

Ein Bericht in der Schülerzeitung

Seite 53

1. Es haben vier Mannschaften gespielt, 3a, 3b, 4a und 4b.
2. Antwort b), jedes Spiel ist durch die Form der Tabelle doppelt aufgeführt.
3. Die 4a belegt den ersten Platz mit 5 Punkten und 8 Toren.
   Die 3b belegt den zweiten Platz mit 3 Punkten und 6 Toren.
   Die 3a belegt den dritten Platz mit 2 Punkten und 9 Toren.
   Die 4b belegt den vierten Platz mit ebenfalls 2 Punkten, aber nur 6 Toren.
4. Im Text heißt es, die 3b habe gegen beide Mannschaften der vierten Klassen gesiegt. Sie hat aber gegen die 4a nur ein 1 : 1 Unentschieden erreicht.

Eine Zeitungsnotiz

Seite 54

1. b)
2. c)
3. b)

Seite 55

4. a) Die Beamten nahmen den Ausreißer an Bord ihres Streifenwagens.
4. b) Sie brachten das Tier in einen nahen Bergtierpark.
5. Kängurus sind Wildtiere. Es sind schöne und interessante Tiere. Manche Arten sind sehr groß, sie können bis zu 1,80 m hoch werden. Es gibt aber auch ganz kleine Arten, nicht größer als ein Hase. Als Bewohner der Südhalbkugel unserer Erde mögen sie keine kalten Temperaturen. Sie können sehr weite Strecken zurücklegen und die meisten können hoch und sehr weit springen. Kängurus sind Einzelgänger. Sie treffen sich aber gerne in kleineren Gruppen, zum Beispiel zum Fressen. Am besten bekommen ihnen heimische Pflanzen. Kleine Kängurus sind sehr wählerisch mit ihrem Futter. Sie vertragen oft nur ganz bestimmte Blätter oder Früchte. Mittags schlafen Kängurus gerne in der Sonne. Richtig munter werden sie erst, wenn wir langsam ans Schlafengehen denken.

Suchergebnis im Internet zum Thema *Wespen*

Seite 57

1. Hier zählt nur deine Meinung, es gibt kein Richtig oder Falsch.
2. Beide Antworten sind richtig, es muss aber nicht jedem passieren. Weitere Probleme, die auftreten können, sind: Es klappt etwas technisch nicht und so vergeht viel Zeit. Oder ein Begriff hat mehrere Bedeutungen und du musst erst einmal schauen, welcher passen könnte. Das ist für Kinder manchmal etwas schwierig.
3. Beispiellösung: Die Mutter möchte die Wespen damit vom Kuchen ablenken. Die Trauben sollen die Wespen an einen anderen Ort locken, wo sie nicht stören.
4. Süße Säfte, Obst, leuchtende Blüten, bunte Kleidung, duftende Cremes und Haargels sind einige Antwortmöglichkeiten.

Linas E-Mail an Leo

Seite 59

1. Lina kann keine Postkarte schreiben, weil sie Leos Adresse verlegt hat.
2. c) ist hier sicherlich richtig, möglich ist auch a). Welche Idee hattest du noch? Vielleicht überlegt sie ja, wer dort bald sitzen wird?
3. Wölfe oder Tiere am See
4. Hier zählt nur deine Meinung, es gibt kein Richtig oder Falsch.

Textquellen

S. 14: Josef Guggenmos. Ich weiß einen Stern. In: Rita Harenski (Hrsg.). Zauberwort – Die schönsten Gedichte für Kinder aus vier Jahrhunderten. Würzburg: Arena Verlag GmbH 2004, S. 10

S. 16: Josef Guggenmos. Verblühter Löwenzahn. In: Groß ist die Welt. Die schönsten Gedichte. Weinheim/Basel: Beltz & Gelberg 2006, S. 49

S. 18: Katja Frixe. Jolle vor, noch ein Tor! In: Jolle und ich. Der Tag, an dem ein Pinguin bei uns einzog. Würzburg: Arena Verlag GmbH 2022, S. 79f.

S. 20: Christina Erbertz. Eine Schule ohne Klassenarbeiten. In: Freddy und der Wurm. Weinheim Basel: Beltz & Gelberg in der Verlagsgruppe Beltz 2015, S. 33f. (gekürzt)

S. 22: Hugh Lofting. Die Sprache der Tiere. In: Dr. Dolittle und seine Tiere. Übersetzer: E. L. Schiffer. Hamburg: Cecilie Dressler Verlag 1995, S. 14f. (gekürzt)

S. 24: Paul Maar. Max erzählt weiter. In: Herr Bello und das blaue Wunder. Hamburg: Verlag Friedrich Oetinger GmbH 2005, S. 48f. (gekürzt)

S. 26: James Krüss. Ankunft in der Flamingobucht. In: Die Glücklichen Inseln hinter dem Winde. München: Bassermann Verlag, ein Unternehmen der Verlagsgruppe Random House GmbH 2019, S. 20ff. (gekürzt)

S. 28: Erich Kästner. Anton kann sogar kochen. In: Pünktchen und Anton. Hamburg: Dressler Verlag GmbH 2012, S. 27f.

S. 54: hex/pw. Känguru an Bushaltestelle: Ausreißer sorgt in Hessen für Aufregung. © Agence France-Presse, 18.10.2024, ID 36K9867 (gekürzt)

S. 56: Archiv. Nervig oder nützlich? Wissenswertes über Wespen. Hamburg: Norddeutscher Rundfunk 06.09.2018 (Auszug). URL: https://www.ndr.de/ratgeber/Fragen-und-Antworten-zum-Thema-Wespen,wespen190.html (abgerufen am 27.10.2022)